Rádio
≈
A MÍDIA DA EMOÇÃO

Dados Internacionais de Catalogação na Publicação (CIP)
(Câmara Brasileira do Livro, SP, Brasil)

César, Cyro
   Rádio: a mídia da emoção/ Cyro César. - São Paulo : Summus, 2005.

   Bibliografia
   ISBN 978-85-323-0867-2

   1. César, Cyro 2. Radialistas – Brasil 3. Rádio 4. Rádio – Brasil – História 5. Rádio – Técnica I. Título. II. Título: A história, a magia e as técnicas para se fazer rádio.

05-5081   CDD-384.54

Índice para catálogo sistemático:

1. Rádio como veículo de comunicação 384.54

Compre em lugar de fotocopiar.
Cada real que você dá por um livro recompensa seus autores
e os convida a produzir mais sobre o tema;
incentiva seus editores a encomendar, traduzir e publicar
outras obras sobre o assunto;
e paga aos livreiros por estocar e levar até você livros
para a sua informação e o seu entretenimento.
Cada real que você dá pela fotocópia não autorizada de um livro
financia o crime
e ajuda a matar a produção intelectual de seu país.

Cyro César

Rádio
≈
A MÍDIA DA EMOÇÃO

summus editorial

RÁDIO: A MÍDIA DA EMOÇÃO
Copyright © 2005 by Cyro César
Direitos desta edição reservados por Summus Editorial

Assistência editorial: **Soraia Bini Cury**
Assistência de produção: **Claudia Agnelli**
Capa: **Ana Lima**
Projeto gráfico e diagramação: **Liga Editorial**
Editoração de texto e revisão de provas: **Liga Editorial**
Pesquisa e levantamento de dados jornalísticos: **Dulcinéa de Abreu e Silvia Sibalde**
Fotolitos: **Join Bureau**
Impressão: **Sumago Gráfica Editorial Ltda.**

Summus Editorial
Departamento editorial:
Rua Itapicuru, 613 – 7º andar
05006-000 – São Paulo – SP
Fone: (11) 3872-3322
Fax: (11) 3872-7476
http://www.summus.com.br
e-mail: summus@summus.com.br

Atendimento ao consumidor:
Summus Editorial
Fone: (11) 3865-9890

Vendas por atacado:
Fone: (11) 3873-8638
Fax: (11) 3873-7085
e-mail: vendas@summus.com.br

Impresso no Brasil

Sumário

Introdução	7
1. A emoção de estar no ar	9
2. Profissão: radialista	28
3. Desdobramento das atividades na rádio	37
4. Perguntas sobre a profissão	48
5. Competência emocional	52
6. Cérebro: centro das emoções	69
7. Compreendendo o uso da voz profissional	77
8. Voz: perguntas e respostas	87
9. Técnicas de relaxamento	91
10. Diminuindo os erros na locução	102
11. Erros: definições e exercícios	107
12. Técnicas de locução e produção	118
13. Produção, montagem e gravação de pilotos para rádio	128
14. Produção radiofônica: linguagem de rádio	133
15. Interpretação radiofônica: linguagem de rádio	140
16. Como funciona o rádio	147
17. Como funciona o estúdio de rádio	153
18. Características do rádio	163
19. Publicidade no rádio	169
20. Os caminhos do rádio: da válvula ao satélite	176
21. Cronologia histórica da radiodifusão	190
22. O que vejo quando ouço rádio	218
Referências bibliográficas	228
Créditos das imagens	230

Introdução

Procurei escrever grande parte deste livro enquanto estava no ar, sentado em minha cadeira de locutor, nos intervalos entre uma música e outra, nos tempos que me sobravam. Isso me fez descobrir uma coisa: é impossível fazer rádio sem falar em emoção. Aliás, trabalhar em rádio requer três condições fundamentais: inspiração, transpiração e emoção.

A *inspiração* vem do momento, dos acordes de uma música que toca, de uma notícia engraçada ou triste que se transmite.

Ela vem quando menos se espera. De repente, você sente que a palavra está na ponta da língua e o microfone se encarrega do resto. O mais surpreendente de tudo isso é sentir o impacto provocado em quem está do outro lado do rádio.

A *inspiração* prende, resgata e estimula as emoções de uma pessoa. Da mesma forma, sem esperar, vem a *transpiração*, quando você tem a responsabilidade de segurar um horário, sabendo que todos vão cobrar resultados. Do coordenador ao ouvinte, as coisas são sempre assim. Esperam tudo de você, quando às vezes você está num daqueles dias em que o muito que aparece é pouco para todos. A *transpiração* faz parte da vida de quem tem vida, de quem tem de se mexer para produzir. Cada um dentro de seu mundo, de sua esfera de interesses.

Suar a camisa por uma coisa em que se acredita é compensador, e essa é a condição principal para realizar-se como radialista. A mistura de tudo isso dentro de um estúdio, de onde não se vê ninguém, mas se sabe que muitos estão ouvindo, provoca uma outra coisa: a *emoção*. Uma sensação difícil de explicar mas fácil de entender quando se trata de algo chamado rádio.

Um costume ligado ao cotidiano das pessoas, unido fortemente às particularidades e à intimidade delas. Para alguém se emocionar com você, será preciso se inspirar e transpirar.

Seguindo esse raciocínio, imaginei levar ao leitor uma reflexão sobre o tema *Rádio: a mídia da emoção*. Afinal, a inspiração vem do momento, a transpiração, do profissionalismo, e a emoção, do sentimento. Acomode-se bem em sua poltrona de leitor, pois vou acompanhá-lo até o final das linhas deste livro, a fim de mostrar a você por que o rádio é a mídia da emoção.

Boa leitura!

O AUTOR

Capítulo 1

A emoção de estar no ar

*O rádio começa de um sonho, vira uma paixão
e termina numa eterna conquista.*

Certas horas, pego-me pensando por que será que me identifiquei tanto com o rádio.

Primeiro, a instantaneidade desse veículo me atrai.

A integração entre homem e tecnologia, na velocidade de um segundo, dá a você a capacidade de emocionar, entreter, informar e mobilizar as pessoas.

Segundo, rádio é uma espécie de vício, uma coisa que vira mania dentro de você. O veículo envolve, seduz e mexe com todos os seus sentidos.

Terceiro, foi na rádio que vivi algumas de minhas melhores histórias e é uma delas que conto a seguir.

Era o ano de 1988, eu trabalhava como locutor na Rádio Antena 1 de São Paulo e o nosso coordenador era o Paulinho Leite, hoje nos Estados Unidos, fazendo rádio com muito sucesso. Formávamos uma equipe coesa, unida, que vestia com vontade a camisa da rádio, por isso, na época, fomos convidados a integrar um novo projeto na extinta FM Record, hoje Rádio Nova Brasil FM-SP. Uma oportunidade com sabor muito especial por dois motivos: primeiro, por ser um convite de trabalho em uma grande emissora. Aliás, anos antes, meu início no rádio tinha sido como o de qualquer outro locutor: encaminhar pilotos, realizar testes e mais testes de locução nas emissoras em que buscava uma oportunidade. Segundo, porque a atividade preferida na minha infância de menino sonhador, já

Foto 1. Cyro César na
FM Record-SP, 1989.

aos 11 anos de idade, era ficar na portaria da Rádio e TV Record, observando aquelas pessoas importantes que entravam na televisão lá de casa e falavam no rádio do meu avô.

O SONHO

Nada me atraía tanto. Nem as pipas, nem os carrinhos de rolimã ou as corridas atrás dos balões eram capazes de evitar minhas escapulidas de bicicleta para aquele lugar mágico, a fim de acompanhar a passagem de personagens que nunca mais sairiam da minha memória. Os palhaços Arrelia e Pimentinha, os integrantes do elenco da Família Trapo, como Otelo Zeloni, Renata Fronzi, Ronald Golias, Jô Soares e muitos outros ídolos do rádio e da TV.

Porém, isso não era tarefa fácil. Embora morasse a poucas quadras dali, minha mãe, sempre zelosa, criava a mim e a meus irmãos com a rédea curta. Lembro-me com carinho dos longos e pacientes sermões do meu pai sobre as oportunidades da vida e sobre como escolher uma boa profissão, as quais, na sua visão de médico, certamente não estavam na portaria da Record, mas na carteira da escola. Situações engraçadas fizeram parte de alguns corretivos aplicados pela minha mãe. Eu era posto de castigo em um pequeno banco que ficava bem debaixo de um relógio cuco de parede, de onde eu só poderia sair quando o cuco cantasse na hora cheia. Certamente o objetivo dela era me fazer pensar no erro, que eram minhas escapulidas pela rua em busca de meus heróis do rádio e da TV. Bem ao lado, no entanto, colocado sobre uma mesinha de canto na sala, ficava o rádio do meu avô, que o deixava ligado de propósito para atenuar o martírio do meu castigo. Coisas de avô, imagine só, um rádio ligado. Valia tudo, "Repórter Esso", "Grande jornal falado Tupi", "A hora do trabuco" com Vicente Leporace.

Nessa hora, minha maior diversão era me agachar atrás do rádio para olhar dentro dele e observar as luzinhas das válvulas acesas, imaginando ali, na escuridão daquela caixa, uma cidade à noite cheia de prédios. Minha imaginação quase me levava a enxergar homenzinhos lá dentro das válvulas, andando de lá para cá, subindo e descendo por compartimentos secretos no interior do rádio. Vivi parte da infância nesse mundo imaginário, onde o maior mistério era descobrir de onde e como vinham aquelas vozes para dentro do rádio. Que força tinha aquela caixa! Um misto de magia, mistério e curiosidade de criança. Como seriam os músicos e cantores que faziam que meu avô sentasse em sua poltrona e ficasse olhando para o teto da sala? Quem seriam os donos daquelas vozes que contavam histórias e faziam que minhas tias colassem seus ouvidos no alto-falante do rádio na hora das novelas?

Quem era aquele homem do "Repórter Esso" que quando dava notícias em tom sério fazia que todos à mesa ficassem em silêncio na hora do almoço?

E finalmente: Quem era um tal de Vicente Leporace, do programa "A hora do trabuco", que provocava risos e divertia papai com as coisas que falava pelo rádio?

Pensava eu: "O que fazer para entrar naquela caixa, cheia de luzinhas e fiozinhos, e lá falar também?". Meu avô, ao partir, deixou de herança boas virtudes. O único bem material ficou para mim, seu velho rádio, que até hoje guardo como tesouro.

A PAIXÃO

Como estão vivas na memória as artimanhas da Juca, minha irmã mais velha, para irmos ao Teatro Municipal de São Paulo, a fim de assistir à transmissão ao vivo do programa "Concertos para a juventude", transmitido pela TV Cultura nos anos de 1960.

Enquanto ela ficava entretida com os músicos da orquestra, meus olhos não desgrudavam dos cinegrafistas que operavam aquelas câmeras enormes. Depois da transmissão, antes do lanche no Mappin, eu não dava sossego enquanto ela não me levasse para perto de uma. E quando concordava com a idéia de seguirmos os cabos acoplados às câmeras, fatalmente chegávamos aos caminhões de externas estacionados do lado de fora do teatro. Era incrível ver aqueles homens enrolando fios, entrando e saindo com equipamentos pendurados no braço. Entrar num deles, então, foi um sonho: o brilho dos painéis de controle, as centenas de botões para apertar e até o cheirinho do ar-condicionado estão na memória.

Veio a adolescência nos anos de 1970 e com ela a vontade de ouvir as vozes de Antônio Celso e Dárcio Arruda na Rádio Excelsior de São Paulo. Era incrível viajar por meio da "Máquina do Som" – nome dado por eles ao rádio –, pelas músicas que tocavam no programa "Sucessos de todo o mundo". A paixão cresceu ainda mais depois de ouvir Hélio Ribeiro, Barros de Alencar, Dárcio Campos, Roberto Barreiros e tantos outros. Queria saber que caminhos poderiam me levar ao microfone de uma rádio. As namoradinhas, os melhores amigos, o basquete no parque do Ibirapuera e os atrativos do primeiro *shopping center* do bairro não foram suficientes para tirar a minha vontade de sempre dar uma passada naquela portaria da Record na avenida Miruna.

Os anos se passaram entre ginásio, colégio e faculdade até o início da minha primeira experiência no rádio: uma vaga como assistente de produção de programas na antiga Rádio Mulher em São Paulo.

Talvez o caro leitor possa entender agora o que significava estar trabalhando ali, na Rádio Record. O coração batia acelerado ao passar por aquela portaria. Lá estava eu, falando nos estúdios, para dentro dos rádios sintonizados na Record. Empolgava-me o fato de estar diante de um microfone Newman, usando um fone AKG e operando os equipamentos ligados a uma mesa Gates, a melhor na época.

Operar um estúdio daqueles tinha o mesmo significado que um piloto de monomotor voar num Boeing.

Nosso estúdio fazia divisa com o da Record AM, onde trabalhavam grandes comunicadores como Eli Corrêa, Paulo Barbosa, Nelson Rubens, Osmar Santos, Célio Guimarães, Paulinho Boa Pessoa, Zancopé Simões, Marcelo Costa e Gugu Liberato. Com que facilidade e desenvoltura expunham suas idéias ao microfone! Isso resultava na liderança absoluta de audiência. Na época, aquilo tudo na AM me fascinava. No entanto, os meses se passavam e os resultados de audiência na FM não apareciam. Foi quando Edson Guerra, em conjunto com a diretoria da rádio na época, Paulo Machado de Carvalho Neto, Chico Paes de Barros e Mário Catto, decidiram mexer na programação.

A ETERNA CONQUISTA

Está na lembrança aquela sexta-feira, quando nossa equipe foi chamada para uma reunião de última hora. Na sala de reuniões, num semicírculo, o clima de tensão era visível. O Edson Guerra foi logo dizendo: "Senhores, não temos mais tempo, são duas as opções: ou a audiência da Rádio Record FM sobe ou nossa posição no Ibope melhora", as quais no fundo eram a mesma coisa. "E tem mais, a partir de segunda-feira estrearemos uma nova programação, que será popular. Dúvidas?". Houve silêncio por alguns instantes. "Mas que tipo de intérprete vamos tocar?", perguntou então o André Miller, encorajado pelos nossos olhares.

O Edson prontamente respondeu: "Brega e sertanejo, sucessos como Amado Batista, Tião Carreiro e Pardinho, Tonico e Tinoco, Milionário e José Rico, José Augusto, Joana, Fafá de Belém, Sidney Magal, Chitãozinho e Xororó, entre muitos outros". Aquilo veio como uma locomotiva atropelando meus pensamentos. "Mas a FM vai virar AM...", falei por impulso. "Isso mesmo. Vamos fazer uma AM dentro da FM..." "E tem mais", dirigindo-se a mim, "pensamos num programa sob medida para você, ele se chama 'Roberto Carlos especial'". O Mário Catto arrematou: "Você vai ver, o programa tem tudo para emplacar". A semana seguinte foi de intenso trabalho, preparando o *playlist* da nova programação que iria ao ar. Iniciado no novo estilo, confesso que as músicas da programação me deixavam constrangido. Falta de maturidade profissional, achava tudo brega. Meu contato com o novo gênero soava estranho e era visível meu descontentamento no ar – evitava até falar meu nome. Imaginava que aquilo poderia "queimar" meu trabalho em outras rádios no futuro.

Primeira lição: fazer rádio é se emocionar

Imagine só, abria o programa dizendo: "Olá, amigo ouvinte. Como vai você, amiga dona de casa, amigo motorista? Vou seguindo na sua companhia até às duas da tarde. Aqui fala seu amigo de todos os dias. Obrigado pela sintonia". Dias depois, fui chamado pelo Edson Guerra, que me pediu esclarecimentos do porquê eu não me identificar no ar. Meio sem jeito, expliquei que era inibição, constrangimento, não imaginava meu nome ligado a uma programação tão brega. Fui sincero.

Surpreso com minha resposta, ele disse:

Como assim?... Você deve se lembrar do critério da casa ao contratar seus comunicadores. No rádio as coisas são assim: se você não se identifica com o ouvinte, ele não se identifica com você, então você desaparece. E tem mais: o rádio mexe com a emoção das pessoas, portanto, todas as vezes que você estiver no ar, emocione-se, pois seus ouvintes jamais se esquecerão de você.

Essa foi uma das maiores lições que aprendi no rádio. Fazer rádio é se emocionar. "E tem mais", o Edson disse incisivamente, "sua locução não tem linguagem popular, falta vivacidade, colorido. Você não tem envolvimento e reciprocidade com o ouvinte. Falta variação interpretativa, inflexão de sorriso. Sua projeção sonora é introspectiva, seu ritmo é linear, seu improviso é fraco e sua cultura musical é pequena". Para completar arrematou: "Se não superar essas limitações nesta semana, sua oportunidade na Record termina por aqui".

Segunda lição: aprendendo a se emocionar

O chão sumiu dos meus pés, senti o rosto corar e as palavras sumiram dos lábios. Paralisado naquele segundo, minha infância passou como um filme pela mente. Senti como se pegasse num fio desencapado, uma descarga elétrica na minha tão sonhada passagem pela Rádio Record. Refleti por alguns instantes para concordar e confessar ao Edson que ele estava certo, mas eu não sabia por onde começar.

Terceira lição: evite desculpar-se pelos erros, reconheça suas limitações

Constrangido, confessei não conhecer aquelas técnicas de locução que ele acabara de mencionar: inflexão de sorriso... improviso... linguagem de rádio... reciprocidade com o ouvinte... concatenação de idéias. Senti nos seus olhos uma certa surpresa ao ouvir aquilo. Senti ter ganhado alguns pontos ali. "Como não?", perguntou com surpresa. Passaram-se alguns momentos e o Edson comentou: "Gosto de ver quando alguém reconhece suas falhas... É a lição mais importante antes de aprender qualquer coisa. Escuta, você está disposto a fazer um estágio pelas produções da Record AM?".

"Vou falar com o pessoal do Paulo Barbosa, Eli Corrêa, Osmar Santos, Paulinho Boa Pessoa, Célio Guimarães, Nelson Rubens... Você vai acompanhá-los no trabalho para poder entender sobre o que eu estou falando." Esse foi o maior presente que a minha experiência profissional poderia receber. Durante alguns meses tive o privilégio de conviver com todas aquelas pessoas, que procuraram me passar técnicas e conhecimentos com presteza, paciência e determinação – e confesso, estão até hoje em minha mente. E digo mais: se hoje tenho a satisfação de passar ao caro leitor alguns desses conhecimentos, devo isso àqueles colegas que permanecem na memória e no carinho das minhas recordações.

Ao Edson Guerra

Sei que estas linhas certamente resistirão ao tempo, por isso homenageio aqui a memória daquele coordenador artístico que punha o coração em tudo que fazia. Sua personalidade marcante, exigente e desempenho extremamente profissional, com frases bem dirigidas, argumentos sábios e convincentes, abriram meus olhos para o rádio em sua própria essência: a emoção. Infelizmente, esse gigante do seu tempo não está mais entre nós. Um enfarte tirou-o desta vida para fazê-lo viver em nossas lembranças. Entre suas inúmeras virtudes, foi responsável pela formação de uma geração de locutores, à qual tive o privilégio de pertencer. Imagino que, se o Guerra não tivesse sido o profissional e acima de tudo o amigo que foi, talvez eu não estaria tendo hoje a oportunidade de passar adiante as emoções que vivi tão intensamente no rádio.

O dia da emoção é a véspera do reconhecimento

Depois daquela chacoalhada, entreguei-me de corpo e alma ao estilo popular e os meses seguintes foram surpreendentes. Nossa audiência começou a subir e passamos a ocupar o segundo lugar no Ibope do horário em São Paulo. O número de ligações telefônicas de ouvintes durante o programa cresceu; a quantidade de cartas recebidas aumentou. Os resultados do programa começaram a repercutir de tal forma que o fã-clube do Roberto Carlos, por intermédio do seu presidente, Herivelto Valentin, interessou-se em participar da produção nos fornecendo materiais exclusivos gravados pelo cantor no exterior. Vinhetas personalizadas com a voz do próprio Roberto foram montadas, dando um prestígio enorme ao programa. Sem falar nas entrevistas que tivemos a oportunidade de realizar com os grandes nomes da Jovem Guarda, como Erasmo Carlos, Wanderléia, Silvinha, Eduardo Araújo, Golden Boys e muitos outros. Vários eventos em casas noturnas de São Paulo foram promovidos pelo fã-clube do Roberto, nos quais pude sentir o calor e o carinho do público ouvinte. Minha carreira na rádio estava sendo alavancada por um sucesso invisível e arrebatador chamado Roberto Carlos. Isso tudo era muito importante para o meu trabalho, mas o que realmente marcou minha passagem pela Rádio Record não foi o prestígio profissional alcançado com o programa, mas uma experiência vivida na época que jamais vou esquecer e que relato a seguir.

O RÁDIO PODE MUDAR UMA VIDA

Manhã ensolarada de domingo. Abri meu horário como de costume, mostrando alguns trechos das músicas que iríamos tocar no programa, quando em seguida um dos seguranças da rádio na portaria chamou-me pelo telefone do estúdio: "Tem visita para você na recepção. Já informei que domingo não liberamos a entrada de ninguém, mas a pessoa insiste...". "Mas quem é, do que se trata?", perguntei. "O nome dele é Reginaldo e disse ser seu ouvinte. Precisa falar contigo urgentemente. Um assunto que só você pode ajudá-lo. E tem mais, ele está chorando desconsoladamente." Pensei comigo: "O que é que poderia ser a uma hora daquelas, num domingo daqueles, e o que teria acontecido para que ele estivesse tão aflito?". "Então, só há um jeito", comentei. "Peça para ele me aguardar." E assim foi. Durante todo o tempo, confesso, fiquei preocupado, com aquilo na cabeça.

Ao final do horário, fiz minhas despedidas e segui para a recepção, onde estava sendo aguardado. Ao chegar deparei com uma pessoa deprimida, abalada e atormentada. Cabelos emaranhados, roupa puída e suja, pés empoeirados calçando chinelos de dedo. Saudou-me com um forte abraço, acompanhado de lágrimas, muitas lágrimas. No entanto, entre toda aquela emoção e transpiração, notei que o rapaz também necessitava de um banho, algo que não fazia já há alguns dias. "Tudo pelo rádio", pensei. Entre o descompasso dos soluços e o constrangimento da situação, procurei acalmá-lo. "Calma, o que se passa com você?", perguntei. "Você precisa me ajudar, minha vida não tem mais sentido desde que perdi a Mariângela." Meio sem ação, pedi que continuasse.

Após se refazer da emoção, continuou:

Minha história começa doze anos atrás, num dia quente na cidadezinha de Quixadá, no interior do Ceará, quando trabalhava na lavoura com meu pai e mais dois irmãos menores.

Hora do almoço e todos com bastante fome, notamos a chegada de minha mãe trazendo a refeição.

Cabisbaixa, entristecida, olhou para meu pai e para mim enquanto desenrolava um pano de prato que envolvia uma pequena panela. Minha mãe disse: "O que tem aqui só dá para as crianças. Vocês vão ter que arrumar algo para comer com os vizinhos".

Um gosto amargo encheu minha boca, uma mistura de fome e sede que só quem já sentiu sabe como é. Meu pai sentou-se no chão, cabeça pendida entre as mãos. Com a voz fraca, trêmula e embargada disse: "Ainda bem que tem para as crianças". Aquilo perfurou meus ouvidos. Como filho mais velho, também me sentia responsável por melhorar nossa sorte, nosso futuro. Já não agüentava mais aquela privação de tudo. Como continuar vivendo assim? Olhei para os dois e disse: "Meu pai, minha mãe, peço vossa bênção e a de Nossa Senhora da Aparecida para tentar sorte melhor em outro lugar, quem sabe no Rio de Janeiro ou em São Paulo, sei lá. Talvez possa arrumar trabalho e o que conseguir em dinheiro por lá possa mandar uma parte para cá, todos os meses". Não tinha outra escolha. Abraçamo-nos bem apertado e selamos ali nosso destino. A partir daquele momento, deixava as coisas mais preciosas da minha vida: pai, mãe e dois irmãos pequenos. Com a roupa do corpo e o sonho de vencer, resolvi rumar para São Paulo.

Várias semanas se passaram, andei por albergues da prefeitura, dormi em bancos de praça, debaixo de marquises, até arrumar meu primeiro trabalho. O dinheiro era pouco, mas era o primeiro emprego em carteira. Comecei como servente de pedreiro em uma companhia de engenharia. Tinha que percorrer o canteiro de obras juntando o entulho acumulado durante o dia. No início foi difícil. Demorei para me acostumar com o alojamento dos "peões", o trabalho pesado. Meses se passaram, e, como havia prometido, enviava ao meu pai uma parte de tudo que ganhava. Criei gosto pela coisa, fiz boas amizades, dentre elas com o mestre-de-obras, o Sr. Jerônimo, um segundo pai para mim. Foi dele o incentivo para estudar, já que meu sonho era ser mestre-de-obras como ele. Ensinou-me muitas coisas do ofício, outras aprendi no curso do Senai. Anos mais tarde, minha vida ganhou um outro rumo. Consegui melhorar a situação da minha família, trouxe um irmão para morar comigo, mas meu coração sentia falta de uma pessoa para dividir alegrias, sonhos e saudades. Desejava ter uma família, uma casa, filhos, aquelas coisas comuns na vida das pessoas. E quem busca sempre acaba encontrando. Mariângela apareceu na minha vida. Ela era de Minas Gerais, da cidade de Salinas. Eu a conheci na Villares, uma empresa fabricante de elevadores. A "mineirinha" era linda demais, pele morena, olhos verdes, cabelos lisos e compridos.

Enquanto o Reginaldo falava, pensava comigo: "O que é que eu tenho que ver com tudo isso? Onde é que eu me encaixo na história?". Mas procurava ouvi-lo com atenção.

Na ocasião, fui destacado para realizar um serviço de manutenção naquela empresa, e foi lá que nos conhecemos.

Ela trabalhava na contabilidade, no setor de contas a pagar, por isso tivemos contato, porque era ela quem fazia os pagamentos aos prestadores de serviço da companhia.

Começamos uma amizade, que virou admiração, para em seguida virar paixão e um grande amor. Ela era tudo que eu queria. Minha vida na época era equilibrada financeiramente. Noivamos e resolvemos juntar nossas economias para comprar um terreno na periferia de São Paulo e construir nossa casa. Os dois anos seguintes foram de trabalho duro: de segunda à sexta-feira trabalhava no meu emprego e aos sábados e domingos dedicava-me à construção da nossa casa.

Com muito trabalho e sacrifício concluímos nossa casinha e a mobiliamos. Resolvemos então marcar a data do nosso casamento. Nossos pais não tinham condições financeiras de nos oferecer uma festa, por isso resolvemos fazê-la por nossa conta.

Escolhemos uma pequena chácara nas proximidades de São Paulo, com uma capelinha, onde seria realizado o casamento civil e religioso. Um belo lugar, conforme a vontade da Mariângela. Tudo caminhava bem, quando, duas semanas antes do casamento, algumas amigas resolveram organizar um chá-de-cozinha para a Mariângela. Ao saber da novidade, meus amigos também resolveram comemorar comigo numa churrascaria. O dia marcado era o mesmo do chá-de-cozinha, um domingo, e lá fomos nós: Mariângela foi para a casa de uma de suas amigas e um grupo de amigos me levou para o centro da cidade.

À medida que os espetos passavam, os copos de bebida iam aterrissando em nossa mesa. Não demorou muito tempo para que toda a turma estivesse sob o efeito do álcool. Até hoje não me lembro de quem partiu a idéia de que uma verdadeira despedida de solteiro deveria ter algumas garotas de programa. Embora a idéia me soasse estranha, não deu outra...

Estávamos próximos da rua Major Sertório, e quem conhece bem o centro de São Paulo sabe que lá é o lugar para onde vão os rapazes que não fazem nada para encontrar as meninas que fazem tudo.

Cada um se arrumou com uma, e, quando me dei conta, lá estava eu, dentro de um quarto de hotelzinho barato, acompanhado de uma garota de programa. Era tarde, errei. Voltamos para casa, e como notícia boa corre e má voa, Mariângela não tardou em saber o que eu havia aprontado. O pior de tudo é que na hora não admiti meu erro e disse que se ela quisesse viver comigo teria que me aceitar daquele jeito, pois não era homem de uma mulher só. Foi meu maior erro. Mariângela, com os olhos cheios de lágrimas, pegou sua aliança de noivado, colocou-a no meio das minhas mãos e disse: "Vá procurar uma mulher que aceite isso de você. Não me procure nunca mais. Esqueça tudo, inclusive de mim. Está tudo acabado". Nunca a vi daquele jeito, soluços e choro incontido, amparada pelas amigas que me fulminavam com os olhos. Irritado com toda aquela situação, achei que fosse só um desabafo e que ela voltaria atrás, afinal, tínhamos casa montada, móveis comprados e tudo preparado para o casamento. O tempo foi passando, o dia do casamento se aproximando, e Mariângela nem se referia ao meu nome em suas conversas.

Comecei a me angustiar, entrei em depressão, estava arrependido. Minhas tentativas de reaproximação foram inúteis. Era como se eu simplesmente não existisse mais na vida dela, como se nunca tivesse me conhecido. Apelei para as coisas que havíamos construído juntos, para os filhos que poderíamos ter juntos – nada. Já tomado pelo desespero, resolvi então viajar para Salinas, em Minas Gerais, para a casa dos pais dela, e implorar-lhes ajuda. Sua família, apesar de reconhecer meu arrependimento, nada podia fazer, pois, para Mariângela, eu simplesmente não existia mais. A data do casamento passou e com ela todos os meus sonhos. Várias semanas depois, já desesperado, com o coração cheio de dor e arrependimento, comecei a me entregar ao vício da bebida. Meu comportamento mudou, os bons amigos se afastaram, trabalhava mal, arrumei confusões no trabalho, até que o pior aconteceu: perdi meu emprego. Ninguém compreendia o que acontecia comigo. Semanas se passavam e a vida se resumia em viver de bar em bar. Pedia um copo de cachaça aqui, outro ali. Senti o fundo do poço debaixo dos meus pés. Numa manhã, após me encorajar com alguns copos de bebida, fui até o trabalho da Mariângela tentar uma última reconciliação. Imagine só, sujo, bêbado e maltratado, fui colocado para fora pelos seguranças. Humilhado, destratado e agredido, resolvi que naquele dia iria botar um fim em todo aquele sofrimento. Estava decidido a cometer suicídio. Queria morrer como valente, numa briga. Afinal, não queria que minha família tivesse na memória a morte de um filho covarde.

Confesso... Imagine só, eu sentado naquele banco, na portaria da rádio... Não conseguia esconder meu espanto. Ainda não entendia o porquê de aquele rapaz ter ido me procurar. Porém, fiquei atento ao que dizia, e continuei aguardando o desfecho da história.

Entrei em um bar de esquina no largo 13 de Maio, em Santo Amaro. Estava lotado, cheio de gente mal-encarada. Bati no balcão e pedi uma bebida. A adrenalina subiu, e, ao olhar para um antigo desafeto, desafiei-o para uma queda-de-braço. O sujeito parecia mais preocupado em esvaziar uma garrafa de cachaça quando, pela segunda vez, o provoquei, dizendo que ele era "maricas". Para quê... O sujeito quebrou uma garrafa na ponta do balcão e veio na minha direção com aquele caco de vidro na mão. Bateu o arrependimento, mas já era tarde. Baixei a cabeça, me protegendo com uma cadeira, e senti vários golpes secos, de punho cerrado. Minha vista escureceu e só me lembro de ter ouvido algumas vozes gritando "cuidado, os homens da Rota estão aí". Foi por Deus que aqueles policiais passaram por ali naquele momento.

Arremessado bruscamente no camburão, passei pelo pronto-socorro de Santo Amaro para tomar alguns pontos na cabeça e logo depois ser encaminhado para a delegacia.

Enquadrado como desocupado e perturbador da ordem pública, fui colocado numa cela do distrito policial de Santo Amaro com algumas dezenas de marginais. Uma segunda-feira histórica, aquela. O dia em que havia nascido de novo. Não gosto nem de lembrar. Prefiro riscar da memória os dias que se seguiram ali dentro. Foram os piores da minha vida. Fui chamado pelo escrivão para prestar depoimento e comecei a contar minha história. Senti que ficou meio sensibilizado durante a conversa e me interrompeu, dizendo que iria falar com o delegado de plantão. Aguardei alguns minutos até que fui chamado numa outra sala pelo tal delegado. Com ar severo, postura autoritária e voz incisiva, pediu-me que relatasse o que eu havia contado para o escrivão. Contei parte da minha vida a ele, minha batalha e o que havia me levado a praticar aquele delito. De repente, como que do nada, olhou incisivamente nos meus olhos e disse: "Escuta aqui, rapaz, essa moça não vai te ouvir mesmo. Um sujeito sujo, malcheiroso e barbudo, que sai com mulher de programa e se enterra na cachaça? O que é que ela pode esperar de você? Tome vergonha. Se levante ou se enterre de uma vez. Porque numa cidade como São Paulo, as coisas são assim. Aqui não tem lugar bom para bandido, e a cadeia está cheia, mas sempre cabe mais um". Senti a fervura da vergonha subir no meu rosto, baixei a cabeça e ouvi calado aquela merecida repreensão. Ao notar minha atitude, baixou o tom de voz, diminuiu sua aspereza e me disse uma coisa que eu jamais esperaria ouvir: "Escuta aqui, meu rapaz, por que é que você não procura uma emissora de rádio, um programa daqueles em que os locutores falam e intercedem a favor das pessoas? Existem tantos desses por aí! Ela não ouve rádio? Quem sabe ela não te escuta".

"Sim, senhor delegado. Ela ouve sim!", respondi. "Então, o que você está esperando?" Alguns momentos se seguiram entre olhares do delegado para o escrivão.

Após um interminável silêncio, seguido de uma interpelação severa, o delegado disparou: "Como esta é a sua primeira passagem pela polícia, desta vez o Estado e a sociedade vão lhe dar mais uma chance, para você reconstruir sua vida. Mas não me apareça nunca mais por aqui dando problemas".

Naquele instante, pude compreender por que o Reginaldo estava maltrajado e sujo, com aquele curativo na cabeça, pois ele havia deixado a delegacia naquela manhã, vindo direto ao meu encontro. Angustiado, disse-me: "Se ela não me perdoar, nada mais me resta". Com as mãos no rosto, encurvado sobre o próprio colo, em uma incontida crise de choro, repetia: "Você tem de me ajudar, você tem de me ajudar". Fiquei paralisado, sem saber o que fazer, mas entendi o que o rapaz esperava de mim. Emocionado e já envolvido com o problema, perguntei de que maneira poderia ajudar.

Apenas um pedido de perdão pelo rádio

Alguns instantes se passaram até que ele conseguisse se recompor. Enxugando com as mãos as lágrimas do rosto, ele disse:

> A Mariângela é sua ouvinte. Sei porque, quando almoçávamos juntos na empresa em que nos conhecemos, o sistema de som do refeitório era sintonizado na FM Record durante o "Programa Roberto Carlos especial". Ela e as amigas não "despregam" os ouvidos do rádio nesse horário. Ela simplesmente adora as músicas do Roberto, tanto é que já enviou várias cartas para participar do programa. O que você disser certamente ela ouvirá.

Foi naquele instante que entendi onde estavam depositadas as esperanças do Reginaldo: no rádio!

Pego de surpresa, só tive palavras para dizer que tentaríamos de tudo. Seus olhos brilhavam ao nos despedirmos. Na manhã seguinte, ao desabafar meu problema para o Jesuíno Paixão, meu produtor na época, ele me surpreendeu com a seguinte idéia: "O Roberto Carlos tem uma infinidade de músicas com a palavra *perdão*. Vamos montar um programa com o tema e daí o restante fica por sua conta". Recordo-me bem da sua expressão: "A produção entra com as músicas e você com os textos, certo?". Chegou a terça-feira e lá estava o roteiro do programa montado com dezoito músicas que só falavam de perdão.

Parecia meu primeiro dia na rádio

Entrei no estúdio e confesso que parecia meu primeiro dia de rádio. Suava frio, pernas e mãos tremiam, meus olhos passavam nervosamente por entre os equipamentos, pois nada poderia dar errado. Um arrepio percorria o corpo, sabia que naquele mesmo instante, do outro lado do rádio, muitas esperanças estavam depositadas nas minhas palavras.

Uma sensação estranha parecia estar paralisando meus movimentos, num misto de tensão, emoção e adrenalina que tomaram conta de mim. Fiz a virada dos comerciais, disparei o botão do *play* da cartucheira, soltando a abertura do programa.

Simultaneamente, abri o microfone. Iniciei meu horário dando o prefixo da Record, mas naquele dia pedi licença aos ouvintes para oferecer o programa a uma ouvinte em especial:

> Mariângela, como vai você e toda a turma aí na Villares? Desde já meu muito obrigado por nos prestigiarem com sua audiência todos os dias. Em nome de toda a equipe da FM Record de São Paulo, que produz o seu programa favorito, gostaria de oferecê-lo em nome de uma pessoa muito especial. Meu amigo Reginaldo esteve aqui na Rádio Record no último domingo e me contou quanto você gosta da gente e também os maus pedaços que ele tem passado.

É difícil explicar, mas, naquele momento, uma sensação de segurança e tranquilidade me invadiu. Não me recordo de ter sentido aquilo novamente no ar até os dias de hoje. Continuei minha locução:

> Ele me contou tudo nos mínimos detalhes, Mariângela, e sabe para quem dei razão? Para você. Fique certa de que você fez a coisa correta. Um casa-

mento e uma família precisam ser construídos sobre as bases da fidelidade, da honestidade, do trabalho, da sinceridade e do perdão. Será que eu falei a palavra certa, perdão? Sim, acho que falei perdão! Sem o perdão não existe uma próxima chance, não existe um começar de novo, não existe felicidade. É essa mesma felicidade que as pessoas buscam incansavelmente e muitas vezes não encontram. Uma coisa só que eu senti muito em tudo isso é que você se cansou de buscar a felicidade. Pois está muito claro, Mariângela: se você se esqueceu de perdoar, jamais poderá encontrar novamente o caminho da sua felicidade. Minha amiga, o dia em que o Reginaldo esteve aqui na rádio, ele me pediu apenas para lhe dizer, em nosso programa, que só quer o seu perdão, mesmo que seja para não ter você de novo. Ele só quer ser perdoado. Sem esse perdão, senti que ele jamais encontrará a felicidade ao lado de outra pessoa. Ao ouvi-lo quando falava de você, contando como se conheceram, como superaram as dificuldades para montar cada peça dos seus sonhos, notei que seus olhos ficavam marejados de lágrimas, num misto de saudade e arrependimento. Hoje, quero simplesmente mostrar para você o que o Roberto Carlos pensa de tudo isso, pois, ao produzir nosso programa, descobrimos que ele e o Erasmo compuseram mais de dezoito canções que falam de perdão! Mariângela, abro meu programa de hoje, dedicado unicamente a você, com os cumprimentos de toda a equipe da FM Record de São Paulo, num oferecimento do meu amigo Reginaldo. Em nossa primeira música, o Roberto canta para você "Perdoa", uma composição dele com o Erasmo Carlos. Arranjos de Edson Frederico e regência de Eduardo Lages.

Do outro lado do rádio

Fechei o microfone aliviado, imaginando o que poderia estar acontecendo do outro lado do rádio. Hora do almoço, refeitório lotado, Mariângela, entre as amigas, falava de tudo menos do Reginaldo, quando inesperadamente começa a ouvir tudo aquilo! O primeiro impulso foi o de não acreditar no que se passava. As pessoas presentes também se surpreenderam, pois o silêncio se fez quase imediatamente. Ao notarem que o assunto era com eles, emudeceram. "Sim, é para você", disseram as amigas. "O locutor falou que o Reginaldo esteve lá na rádio." "Nossa! Imagine só... Ele fez tudo isso para te pedir perdão", comentou uma delas. Mariângela perdeu a cor, ficou lívida, gelada, sua pressão caiu, sua fala sumiu. Ouviu tudo, e após recuperar-se do susto retirou-se do refeitório sob o som das palmas, acompanhada por centenas de olhares. Sem nada dizer, pegou suas coisas e abandonou o expediente. Tomou um ônibus na direção da avenida Robert Kennedy, no bairro de Guarapiranga, uma das margens da represa. Posso imaginar Mariângela, olhando para o infinito, entregando-se aos efeitos do que tinha ouvido pelo rádio. Naquela tarde, a natureza fez o resto, pois o pôr-do-sol dourava as águas na linha do horizonte. Relutante em perdoar, mas tomada por um misto de choque e surpresa, encantou-se com a atitude de Reginaldo. Seus lábios involuntariamente repetiam: "Mas o Reginaldo foi até lá, contou tudo que nos aconteceu e me pediu perdão pelo rádio?".

Silenciosamente, o rádio entrou sem pedir licença

Sem perceber, o rádio foi abrindo seu coração para que Reginaldo entrasse definitivamente. O rapaz também fez sua parte: esmerou-se na apresentação, cortou o cabelo, fez a barba, vestiu o terno do casamento e foi para a casa da ex-noiva, aguardá-la com flores. Naquela noite, Mariângela, ao chegar em casa, foi abraçada pelas amigas, que também a esperavam. Olhos fixos um no outro, intermináveis segundos se seguiram, até se envolverem num forte abraço.

As lágrimas afloraram nos olhos dos dois e Mariângela, soluçando, disse: "Mas você fez isso tudo por mim? Você foi até a rádio, contou tudo que nos aconteceu e ainda pediu para o locutor falar para eu te perdoar?" "Foi a única forma que eu encontrei de você me ouvir", disse Reginaldo, emocionado.

O rádio, mais uma vez, cumpriu o seu papel.

Após longa conversa e um demorado pedido de desculpas, Reginaldo reconquistou seu sonho por meio do perdão de Mariângela. Uma nova data para o casamento foi marcada. Sinto até hoje o enorme carinho dos dois por mim, pois, a cada Natal e a cada aniversário que completo, recebo deles um cartão. Minha maior surpresa veio alguns anos mais tarde, quando o casal teve dois filhos e deram o nome de Cyro ao primeiro e César ao segundo.

É... e eu que tinha vergonha de dizer o meu nome no ar.

Capítulo 2

Profissão: radialista

> *Escolha um trabalho que você ame e não terá que trabalhar um único dia da sua vida.*
>
> Confúcio

A mão-de-obra em rádio e TV faz parte de um mercado estruturado e composto de funções especializadas, em regra, mais presente nas emissoras dos grandes centros. No entanto, no Brasil, há empresas de radiodifusão em cidades do interior que abrem espaço para aprendizes que são iniciados no próprio desempenho da função. Esse fator é provocado pela carência de pessoal treinado na região. Na minha vivência como profissional e docente da área de qualificação em rádio, ouvi de inúmeros profissionais formados somente pela prática que fariam tudo novamente para chegar aonde chegaram, porém, buscariam sua evolução com qualificação e treinamento. O aprendizado profissional, que vem com a experiência simultânea ao desempenho da função, é muito desgastante.

Sucesso profissional

O sucesso na profissão acontece mais rapidamente quando fazemos aquilo de que gostamos. De nada adianta o sucesso profissional e financeiro quando não existem afinidade e prazer naquilo que se faz. As coisas, para se tornarem completas, precisam estar juntas. A escolha de uma profissão não se faz de uma hora para outra, mas durante a existência da pessoa, por meio da identificação com aquilo que se deseja fazer; está presente em pequenas atitudes, de forma contínua.

Foto 2. Lui Riveglini na Rádio Transamérica-SP.

Comigo foi assim: sempre gostei dessa coisa de ouvir rádio, escutar discos na vitrola, imaginar-me repórter com pedaços de madeira na mão, fazendo de conta que eram microfones.

Hoje digo aos meus alunos que tenho a melhor profissão do mundo, pois ensino as coisas que eu mais gosto de aprender. O aprendizado não deve parar nunca, é preciso estar sempre aberto a novos conceitos, técnicas e maneiras de crescer na vida. Ouço muitas coisas do tipo "sonho em fazer rádio", "adoraria trabalhar em televisão", e, ao analisar melhor essas pessoas, observo que isso não surgiu do dia para a noite dentro delas. É importante saber: se é isso mesmo que você deseja, lute por suas realizações. Concretizar um sonho profissional requer paciência, determinação e força de vontade. Qualquer que seja a área que você escolher, é importante buscar conhecimento por meio do preparo.

REALIZAR-SE NUMA PROFISSÃO REQUER TRABALHO E DETERMINAÇÃO

Saiba que para chegar aonde se deseja é necessário fazer muita coisa, às vezes até aquelas de que a gente não gosta. Recordo-me dos tempos de colégio, odiava aqueles trabalhos de física, as experiências de química, os problemas de matemática e de ter de decorar as cadeias de filos da biologia.

Lembro-me, no entanto, de ouvir dos meus melhores professores que, para chegarmos à outra margem do rio, tínhamos que construir nossas pontes.

Eles estavam certos: construir pontes significava carregar pedras, coisa que não gostávamos de fazer.

Meu pai, sempre muito presente na minha formação, nunca perdia uma boa oportunidade para me educar. Certa vez, observou minha contrariedade em ter que cumprir algumas horas de estudo na biblioteca da escola. Sendo assim, sentou-se ao meu lado e começou a contar uma fábula.

Era primavera, o sol batia nas flores à margem de um pequeno riacho. Sobre um tronco de madeira sentava um estudante de medicina, lamentando ter de decorar difíceis nomes e termos da matéria de citologia.

Sonhava ser um grande médico, mas lamentava ter de se esforçar para isso. Em dado momento, começou a observar uma borboleta que voava de flor em flor. Então refletiu: aquilo sim representava um culto à liberdade.

Em um longo suspiro, dirigiu-se à borboleta dizendo: "Ah, que inveja sinto de você! Representas tudo que eu desejo: voar, pousar, soltar as asas ao vento e dormir dentro das flores". A borboleta voltou-se para ele respondendo: "Aí é que te enganas, rapaz. Saibas que antes de voar ao vento e pousar nas flores fui uma lagarta, tendo de rastejar pelos caminhos para me alimentar. Também tive de construir um casulo de seda para viver por sete semanas aprisionada, antes de poder ser o que sou".

Imediatamente compreendi o que meu pai dizia: "Antes de alcançarmos nossos sonhos, temos trabalho duro pela frente".

O SUCESSO PARTE DA ESCOLHA CERTA

A primeira pergunta que faço para quem quer entrar numa área como o rádio é se essa profissão faz parte dos seus sonhos.

Imagine-se trabalhando em uma atividade pelo menos seis vezes por semana, na qual não existem Natal, Ano-Novo, Carnaval, feriados santos ou cívicos.

O rádio e a televisão funcionam 24 horas por dia, todos os dias do ano.

Dizer que essa área é empolgante é pouco. No entanto, trabalhar nessa atividade requer esforço tanto de sua parte como da parte de sua família, pois existe hora para entrar, mas não para sair. Se sua opção profissional tem a ver com *status* e dinheiro, é bom você avaliar bem, pois o início é difícil e requer preparo, perseverança e determinação. A qualificação pessoal e profissional também determina o tamanho do seu sucesso nesse mercado, ou seja, quanto mais você investe em conhecimento, preparo e técnica, maior é o seu valor no mercado. Não se deve esquecer também do trabalho feito com prazer, idealismo e realização, detalhes importantes na personalidade do profissional.

Características profissionais do radialista

Seja um bom ouvinte e telespectador. É muito importante que você conheça bem o veículo em que trabalha. O radialista precisa conhecer os diferentes estilos de programação para não se segmentar apenas nos seus favoritos. Do brega ao clássico, do popular ao erudito, é importante conhecer. Não feche os olhos para os fatos à sua volta. Outro fator de suma importância é a cultura. Muito da sua informação vem do cultivo do hábito da leitura. Um livro, uma revista, um jornal e a navegação periódica em *sites* de pesquisa pela *internet* vão lhe acrescentar muitas informações. A busca do conhecimento por meio da informação é fundamental, portanto, procure *conhecer* as coisas, não se contente apenas em *saber* delas. Achei ótimo o trabalho publicado pelo jornalista Marcelo Parada, *Rádio: 24 horas de jornalismo*. No Capítulo 14, ele dá boas orientações de como conseguir o primeiro emprego em rádio:

> Ouça rádio regularmente. A freqüência com que você acompanha os fatos no veículo vai lhe dar segurança na hora de enfrentar os desafios do primeiro trabalho.
>
> Uma jornada de trabalho em rádio começa cedo, em especial para o iniciante, que não pode ficar escolhendo muito. A vida de quem trabalha em rádio não tem hora. Para quem pensa em cumprir jornadas burocráticas de trabalho, terá um futuro certo, o fracasso.

Ter vontade de aprender é determinante nessa área. Hoje, e cada vez mais, se exige envolvimento total – além da função específica, o iniciante deverá mostrar interesse em aprender com os mais experientes, ter iniciativa, arriscar-se a escrever textos, sugerir pautas, mostrar-se atento à programação, tanto da emissora como das concorrentes.

Características pessoais do radialista

Flexibilidade: Circule, encontre-se com pessoas de outros setores, conheça bem a empresa em que trabalha. Não perca tempo. Você é flexível? É sempre bom rever suas idéias. Procure aceitar a opinião dos outros, não se expondo gratuitamente se discordar, não vale a pena. Seja consciencioso, não espere muito de ninguém, seja independente e contribua para o seu sucesso na empresa. Se você não mostrar seu potencial, ninguém vai descobri-lo.

Motivação e garra: Para chegar ao sucesso nessa área é necessário ter força de vontade, interesse e motivação. São essenciais garra, emoção, paixão e amor pelo que faz. Todo mundo pretende ter sucesso na vida, mas ele varia muito de pessoa para pessoa. Alguns querem se destacar, ter um bom emprego, ser especialista em algum tema. Outros preferem dinheiro, muito dinheiro, para comprar tudo que quiserem. Tudo isso é sadio, mas só consegue essas coisas quem se destaca, ou seja, quem tem dinamismo, garra e se prepara profissionalmente.

Carisma e inteligência emocional: É bom ficar bem claro que o sucesso é atraído pelas pessoas que se comportam como merecedoras dele. Esqueça as picuinhas, a crise; não reclame do governo, do patrão, do salário e das injustiças do mercado. Cuide da sua aparência, invista em cursos de atualização profissional e de idiomas, preserve suas amizades, estabeleça bons contatos. Não deixe de ajudar quem pedir seu apoio, pois ninguém chega lá sozinho.

Autoconfiança e otimismo: É bom lembrar que o sucesso não é só fruto do acerto. Algumas vezes, aprendemos a acertar tirando boas lições dos nossos erros. O importante é não perdermos a autoconfiança e não questionarmos nosso potencial. O otimismo é freqüentemente esquecido quando passamos por problemas. Procure focar seu olhar na superação, na ambição de chegar lá; não se acomode na condição de ser malsucedido. Um bom exemplo de sucesso pode ser conseguido à custa de criatividade, capacidade de assimilar riscos, liderança, perseverança e, sobretudo, auto-estima. Não esqueça nunca que você vai ter de trabalhar muito, além de estudar também. Não se acomode nunca em lugar nenhum.

Antes de ir ao ar, faça seus planos

Se você quer chegar a um lugar aonde a maioria não chega, precisa começar a fazer o que a maioria não faz.

Roberto Shinyashiki

Durante grande parte da minha vida, fiz desse veículo a realização de um velho sonho: mexer com a imaginação das pessoas e estar presente no cotidiano delas. As coisas não acontecem por acaso, *o sucesso de um comunicador vem da perseverança.* Qualquer um deseja ter sucesso. Pessoas de sucesso têm tudo que querem. Não me refiro apenas ao lado material. Além disso, elas são felizes, possuidoras da mais alta auto-estima e confiança. Contudo, um fato interessante é que a maioria das pessoas acaba fracassando, como se tivessem planejado suas vidas desde o início para tal. De acordo com as estatísticas, apenas cinco em cada cem alcançam o sucesso. Os outros 95% não pretendiam fracassar, mas foi exatamente isso que aconteceu. O problema não está no fato de que essas pessoas não pretendiam fracassar, mas que elas não fizeram planos para ter sucesso. Podem até ter pretendido alcançá-lo, mas não planejaram isso. *E, sem um plano, a pessoa é um barco sem leme.* O planejamento para o sucesso requer vários ingredientes.

- *Primeiro,* você precisa determinar quais são suas principais metas no rádio: o que você realmente quer e o que você deseja sinceramente tornar-se dentro do meio. Não importam suas intenções no momento, seja para conhecer, aprimorar-se, informar-se ou fazer deste livro os primeiros degraus de uma carreira.

- *Em seguida,* você precisa determinar o tempo: quando você espera alcançar sua meta. Sem estipular um prazo determinado, a meta não ocorre.
- *Terceiro,* determinar os degraus: metas intermediárias que você deve alcançar para chegar ao objetivo final.
- *Quarto,* sua disposição e boa vontade para fazer tudo que for necessário para alcançar a meta.
- *Finalmente,* não perca de vista o seu objetivo. Tenha-o sempre em mente. É como o jogador que corre para a área sem tirar os olhos da bola que vem pelo ar. Se ele tirar os olhos dela um só instante, não conseguirá estar na posição correta para recebê-la. O mesmo acontece com as metas: se você não as tiver sempre ao alcance dos olhos, você as perderá.

Depois de haver determinado seus objetivos, você precisa, em seguida, obter o máximo possível de informações sobre eles.

Isso é conhecimento. Não apenas conhecimento superficial, mas conhecimento mais amplo e mais técnico no que concerne à sua meta. Em suma, conhecimento que realmente vai ser aplicado à sua realidade. A leitura é o método mais direto e menos dispendioso de obter conhecimento. Ademais, a leitura acaba se tornando a ferramenta para auxiliá-lo a alcançar seus objetivos.

Esse é o objetivo final deste capítulo, no propósito de afiar suas ferramentas de aprendizado sob a forma de estudo e entretenimento.

O RÁDIO E OS PROFISSIONAIS DO FUTURO

O futuro chegou! Abra a janela e dê uma olhada na virada do milênio. Lembro quando pipocaram os rojões e as garrafas de champanhe foram estouradas, saudando o fim do século XX. O mundo de hoje não tinha uma cara muito diferente, como pode ser visto hoje nas ruas, pela televisão, no rádio, nas revistas, no teatro e no cinema. O futuro chegou! Infiltrou-se silenciosamente no cotidiano e agora está esperando sua inauguração com a passagem da data mágica. Chegamos ao século XXI. As revoluções científicas e tecnológicas para brindar o novo século já foram feitas, ou pelo menos suas bases já foram lançadas, e estima-se, com boa dose de certeza, o que esperar delas. O futuro é esplendoroso. É o resultado de um século inigualável na história humana. Computadores fazem em segundos cálculos que todos os sábios que a humanidade já produziu, se pudessem ser reunidos, levariam dezenas de anos para resolver. As células entregam seus segredos mais íntimos aos pesquisadores da engenharia genética. Guerras nos confins do deserto são exibidas ao vivo na televisão e narradas com detalhes pelo rádio.

Na velocidade dos fatos

Na década de 1980, o então presidente russo, Mikhail Gorbachev, estava descansando, havia duas semanas, na praia de Foros, na extremidade sul da Península da Criméia.

Uma tropa golpista fechou a pista e Gorbachev não podia decolar. O comando naval bloqueou a praia com dezesseis embarcações. A KGB desligou os telefones da casa e depois a revistou, levando todos os equipamentos de comunicação. Carregaram televisões, telefones, fax, e até mesmo a maleta com os códigos que podem acionar ataques nucleares. Esqueceram, no entanto, um pequeno e velho rádio. Erro! Ele manteria acesa a alma de Gorbachev, pois a BBC de Londres narrava para todo o mundo, com detalhes, o repúdio do povo russo.

Faltou ao grande golpe socialista de agosto a capacidade de ser violento ou de atrair simpatizantes.

Na terça-feira, quando o presidente Ianaiev deu uma desmoralizante entrevista coletiva diante de microfones de rádio e câmeras da TV russa, um jornalista divertiu-se à sua custa, perguntando como estava sua saúde. Ele disse que estava boa, mas com a fisionomia alterada por causa do choque da pergunta. Essa imagem foi levada, via satélite, para o mundo, onde a sorte do golpe estaria selada, fazendo que o povo, inflamado por Ieltsin, reagisse veementemente contra o golpe.

No mundo todo as coisas são assim, rápidas, instantâneas e dinâmicas. A comunicação corre atrás dos fatos e dos acontecimentos com a velocidade de uma tecnologia que cresce a cada momento. No Brasil, as coisas não poderiam ser diferentes. O rádio brasileiro, por exemplo, contraria toda e qualquer teoria de país emergente. Somos tão grandes quanto os norte-americanos em número de aparelhos receptores de rádio: cerca de três por habitante. Nossa tecnologia de transmissão via satélite pode ser comparada, em qualidade e em habilidade, com a de qualquer emissora da Europa ou dos Estados Unidos.

No Brasil existem mais emissoras de AM/FM do que em toda a Europa. Se somarmos o número de pessoas que trabalham direta ou indiretamente no meio de comunicação radiofônico, chegaremos à casa das 270 mil. Aproximadamente US$ 25.000.000 circulam dentro desse mercado de trabalho para remunerar seus profissionais, e pelo menos o triplo desse valor é aplicado em verbas gastas em mídia por anunciantes dos mais variados segmentos.

São números capazes de impressionar qualquer emissora de primeiro mundo. Isso sem falar no forte mercado da música gerado pelo consumo dos ouvintes.

O Brasil é alegre, é festa, é um povo que canta, dança, vibra por si só, é uma gente maravilhosa. Digo isso pelos arrepios que sentia nas vezes que atuei como locutor e cobri inúmeros *shows* e eventos em ginásios e estádios superlotados. Muitos ficaram na minha memória. Lembro-me do ano de 1985, quando da passagem do Rod Stewart, do Queen, do B-52's pelo Brasil ao se apresentarem no Rock in Rio I.

Os artistas se empolgavam nos bastidores com a emoção que dava deixar-se contaminar pela energia do povo brasileiro. Sem falar na surpresa que tiveram ao ver um grupo não muito conhecido na época, de nome Paralamas do Sucesso. Alguns deles não esconderam a admiração que sentiram pelo público durante a apresentação do Paralamas. "Como é que três caras podem sacudir tanta gente assim ao mesmo tempo?", perguntou Rod Stewart. "É simples: isso é Brasil", respondeu-lhe um jornalista da imprensa brasileira.

No rádio o contato é direto, a força é imensa, tudo é e está em movimento. Cada momento é único, especial. Voz, música e equipamentos em sincronia. Será que deu para explicar por que o rádio é veloz como os nossos pensamentos?

Capítulo 3

Desdobramento das atividades na rádio

Para que você possa compreender os desdobramentos das atividades profissionais dentro da radiodifusão, vamos abordar cada função com sua atribuição específica. Nas pesquisas para desenvolver esse assunto, servime de informações obtidas em anexos do Decreto-lei nº 84.134, de 30 de outubro de 1979, que trata das atividades dos radialistas.

Você observará que, além das modalidades de locução de rádio, também surgirão as de televisão, isso porque, com a habilitação de radialista na Delegacia Regional do Trabalho (DRT), o profissional devidamente qualificado para a função pode atuar nos dois veículos (RTV), sem restrições.

Locutor anunciador: Faz leitura de textos comerciais, ou não, nos intervalos da programação; anuncia a seqüência da programação; dá informações diversas e necessárias à conversão e seqüência da programação.

Locutor anunciador de rádio: Também denominado "voz padrão da emissora". Geralmente, sua locução é utilizada em elementos sonoros que caracterizem a estética da emissora no ar. São eles: comerciais institucionais, vinhetas, documentários, narrativas, promoções e eventos promovidos pela rádio, enfim, tudo que estiver relacionado com a estética radiofônica da emissora. É comum locutores com voz padrão não participarem de horários convencionais, para que sua voz não fique desgastada com a exposição constante.

Locutor anunciador de TV (característica profissional): Da mesma forma que na rádio, os locutores na TV sonorizam com a voz institucionais durante a programação. São eles: chamadas de filmes, novelas, programas de jornalismo ou variedades.

Foto 3. Na rádio, além de apresentar programas, o locutor interpreta textos ao vivo que são chamados de testemunhais. Quando gravados, recebem o nome de spot. Marcos Chiesa (Bola) na Rádio Jovem Pan 2-SP, 2005.

Foto 4. Na televisão, o locutor fica em uma cabina onde recebe os textos da produção para fazer a leitura ao vivo. Normalmente, ele também grava as chamadas de áudio da emissora, que são de programação de filmes, novelas, especiais e noticiários. Sua voz é posteriormente montada com as imagens. Fernando Moreno no SBT-SP, 1995.

Locutor apresentador anunciador: Apresenta e anuncia programas de rádio ou televisão, realiza entrevistas, promove jogos, brincadeiras, competições, e formula perguntas peculiares para o estúdio e o auditório de rádio ou televisão.

Locutor apresentador anunciador de rádio AM/FM (característica profissional): Desempenha sua função em emissoras de rádio tanto em AM como em FM. Apresenta conteúdos informativos, aborda assuntos variados e faz comentários sobre as músicas executadas durante a programação.

Locutor anunciador apresentador de televisão (característica profissional): É importante que o apresentador de TV saiba fazer uso das técnicas

Foto 5. O locutor apresentador de rádio trabalha de forma bem dinâmica, pois é dele a responsabilidade de manter o ritmo do programa e de entreter o ouvinte. Emílio Surita na Jovem Pan 2-SP, 1995.

Foto 6. O locutor apresentador de televisão desenvolve a comunicação e o envolvimento por meio da imagem. Seu improviso e jogo de cintura devem ser bem elaborados para que o ritmo não seja quebrado em virtude da presença de um auditório participante do programa. Serginho Groissman quando apresentava o "Programa livre", no SBT, 1995.

de improviso tão comuns no rádio. Há que se ressaltar que muitos dos grandes apresentadores da TV tiveram seu aprendizado reforçado por sua passagem pelo rádio. Entre eles Silvio Santos, Hebe Camargo, Fausto Silva e Carlos Massa (Ratinho).

Locutor comentarista esportivo: Comenta os eventos esportivos em rádio ou televisão, em todos os seus aspectos técnicos e esportivos.

Locutor comentarista esportivo de rádio (característica profissional): Desenvolve o comentário a respeito do esporte ou da partida em questão, dando apoio ao narrador esportivo. Como o rádio não dispõe de imagem, o comentarista precisa criá-la na mente do ouvinte.

Locutor comentarista esportivo de televisão (característica profissional): Por causa do recurso da imagem, aborda os comentários de maneira mais

Foto 7. O comentarista de rádio dá cobertura ao locutor narrador esportivo. Deve possuir vasto conhecimento na área esportiva, pois suas participações são de improviso e geralmente ao vivo. Mauro Beting na Rádio Gazeta AM, 1995.

Foto 8. O locutor comentarista de televisão também dá suporte ao locutor narrador esportivo. Na maioria das vezes, faz seus comentários em off, ou seja, somente sua voz aparece. Orlando Duarte no SBT, 1995.

coloquial. O comentarista enriquece com seus argumentos os detalhes da partida esportiva.

Locutor esportivo: Narra e eventualmente comenta os eventos esportivos em rádio ou televisão, transmitindo as informações comerciais que lhe forem atribuídas. Participa de debates e mesas-redondas.

Locutor esportivo de rádio (característica profissional): A velocidade do rádio acompanha a velocidade da bola. O locutor esportivo é vibrante, enfático, dinâmico e caloroso na sua narrativa. Precisa saber expor suas

Foto 9. *O locutor esportivo é vibrante, pois passa energia, garra e emoção ao microfone. Geralmente narra os eventos esportivos no local das partidas, de onde passará ao ouvinte todos os detalhes dos acontecimentos. Fiori Gigliotti na Rádio Bandeirantes AM-SP, 1994.*

idéias para os ouvintes poderem entender o que fala. Sua pluralidade de conhecimentos é o que faz dele o articulador da partida. O locutor precisa descrever o que vê, da forma que o lance acontece, posicionando o ouvinte dentro do campo, ao lado do atleta, seja qual for o esporte.

Locutor esportivo de TV (característica profissional): Imagem é tudo. Nada se pode dizer além do que o telespectador viu no lance empolgante da partida. No entanto, a força das imagens, aliada ao carisma, desenvoltura e conhecimento do narrador, se encontram e retratam na tela da TV o sucesso de cada momento transmitido.

Locutor noticiarista de rádio (característica profissional): Lê programas noticiosos de rádio, cujos textos são previamente preparados pelo setor de redação.

Locutor noticiarista de televisão: Lê programas noticiosos de televisão cujos textos são previamente preparados pelo setor de redação. Anuncia matérias jornalísticas seguidas de reportagens que complementam o assunto abordado.

Locutor entrevistador: Expõe e narra fatos, realiza entrevistas pertinentes aos assuntos narrados.

Foto 10. O locutor noticiarista de rádio passa em sua voz a credibilidade que o veículo possui. Os programas de notícia são apresentados no estúdio, geralmente ao vivo, com a participação de outros repórteres que complementam a notícia lida pelo locutor noticiarista. Luiz Menegatti na Rádio Record-SP, 1994.

Foto 11. O locutor apresentador e entrevistador de rádio apresenta assuntos variados em seu programa. Os temas abordados são notícias, comentários e narração de fatos. Deve possuir uma boa gama de conhecimentos e opinar a respeito dos assuntos abordados. Heródoto Barbeiro, Rádio CBN-SP, 1996.

Locutor apresentador e entrevistador de rádio (característica profissional): Direto, objetivo e preparado para improvisar. Precisa estar bem informado e interado dos assuntos abordados em sua pauta. Uma boa retaguarda, com bons produtores e redatores, também proporciona bom resultado em seu trabalho.

Locutor apresentador e entrevistador de televisão (característica profissional): É um verdadeiro *showman* conduzindo um *talk show*. O apresentador interage com uma platéia presente, coordena-se com os músicos que lhe dão apoio na execução de música ao vivo e conduz o diálogo com o entrevistado. O diferencial da sua atuação está na competência que envolve os presentes e o público telespectador.

Diretor artístico: Cabe a ele designar o formato estético e estabelecer a

Foto 12. O diretor artístico de uma rádio desenvolve toda a estratégia da programação, coordena locutores, reportagens e redatores. Desenvolve a plástica e o formato dos programas. Decide ainda sobre quais músicas serão tocadas dentro da programação. Luiz Fernando Magliocca, na época em que era diretor artístico do SBT, 1996.

Foto 13. O coordenador artístico, subordinado à direção artística, é encarregado de conduzir o setor artístico da emissora. Fica responsável pela contratação dos locutores, pela montagem da grade de programação e pela organização de ações promocionais. Joca, na época em que era coordenador artístico da Band FM, 1995.

grade de programação da emissora, bem como definir a contratação de locutores, programadores, redatores quanto ao rádio, elenco ou TV. As funções do setor de direção são:

- Diretor artístico ou de produção: Responsável pela execução dos programas. Supervisiona o processo de recrutamento e seleção do pessoal necessário, sobretudo quanto à escolha dos produtores e coordenadores de programas. Depois de prontos, coloca os programas à disposição do diretor de programação.
- Diretor de programação: Responsável final pela emissão dos programas transmitidos pela emissora, tendo em vista sua qualidade e a adequação dos horários de transmissão.

- *Diretor esportivo:* Responsável pela produção e transmissão dos programas e eventos esportivos. Desempenha, eventualmente, funções de locução durante os referidos eventos.
- *Diretor musical:* Responsável pela produção musical da programação, trabalha em conjunto com o produtor de programas na transmissão ou gravação de números ou espetáculos musicais.
- *Diretor de programas:* Responsável pela execução de um ou mais programas individuais, conforme lhe for atribuído pela direção artística ou de produção. Também é responsável pela totalidade das providências que resultam na elaboração do programa, deixando-o pronto para ser transmitido ou gravado.

Setor de produção: O departamento de produção é subordinado ao de direção. É incumbido do desenvolvimento das atribuições determinadas pela coordenação da emissora. A produção desenvolve, cria, consulta, organiza e realiza os programas. Desse setor podemos destacar as seguintes funções:

- *Assistente de estúdio:* Responsável pela ordem e seqüência de encenação, programa ou gravação dentro do estúdio. Coordena os trabalhos e providencia para que sejam cumpridas as orientações do diretor do programa ou do diretor de imagens.
- *Assistente de produção:* Responsável pela obtenção dos meios materiais necessários para a realização de programas; assessora o coordenador de produção durante os ensaios, encenação ou gravação dos programas. Convoca os elementos envolvidos no programa a ser produzido.
- *Auxiliar de discotecário:* Auxilia o discotecário e o discotecário-programador no desempenho de suas atividades. Responsável pelos fichários de controle, catálogos e roteiros dos programas musicais sob orientação do discotecário e do discotecário-programador. Remete e recebe dos setores competentes o material da discoteca, em consonância com o encarregado de tráfego.
- *Contra-regra:* Realiza tarefas de apoio à produção, providenciando a obtenção e a guarda de todos os objetos móveis necessários à produção.

RÁDIO: A MÍDIA DA EMOÇÃO 45

Foto 14. A presença do produtor é fundamental para o bom andamento dos trabalhos durante o programa. Hermano Henning, ao centro, na época em que era âncora do "Jornal da CBN", 2002.

- *Coordenador de produção:* Responsável pela obtenção dos recursos materiais necessários para a realização dos programas, bem como pelos locais de encenação ou gravação, pela disponibilidade dos estúdios e das locações, inclusive instalação e renovação de cenários. Planeja e providencia os elementos necessários à produção em conjunto com o produtor executivo.
- *Coordenador de programação:* Coordena as operações relativas à execução dos programas. Prepara os mapas de programação, estabelecendo horários e seqüência da transmissão, inclusive a adequada inserção dos comerciais para o cumprimento das determinações legais que regulam a matéria.
- *Discotecário-programador:* Organiza e programa as audições constituídas por gravações. Observa o tempo e a cronometragem das gravações, bem como dos programas em que serão inseridas, trabalhando muito próximo do discotecário e dos produtores musicais.
- *Encarregado de tráfego:* Organiza e dirige o tráfego de programas entre praças, emissoras, departamentos etc., controlando o destino e a restituição dos programas que saírem, nos prazos previstos.
- *Produtor executivo:* Organiza e produz programas de rádio ou televisão de qualquer gênero, inclusive telenoticiosos ou esportivos, supervisionando a utilização de todos os recursos neles empregados.
- *Roteirista de intervalos comerciais:* Elabora a programação dos intervalos comerciais das emissoras, distribuindo as mensagens comerciais ou publicitárias de acordo com a direção comercial da emissora.

Foto 15. *Operador de áudio da Rádio Jovem Pan AM-SP, na década de 1980.*

Setor de tratamento dos registros sonoros: Cabe ao departamento de registros sonoros, por intermédio dos operadores, técnicos e sonoplastas, criar toda a plástica e dinâmica da emissora. Trata-se de uma equipe que trabalha diretamente ligada ao departamento de produção e é formada pelas seguintes funções:

- *Operador de áudio:* Opera a mesa de áudio durante as gravações e transmissões, respondendo por sua qualidade.
- *Operador de microfone:* Cuida da transmissão através de microfones dos estúdios ou externas de televisão até as mesas controladoras, sempre sob as instruções do diretor de imagens ou do operador de áudio.
- *Operador de rádio:* Opera a mesa emissora de rádio. Coordena e é responsável, de acordo com o roteiro de programação, pela emissão dos programas e comerciais no ar. Recebe transmissão externa e equaliza os sons.
- *Sonoplasta:* Responsável pela realização e execução de efeitos especiais e fundos sonoros pedidos pela produção ou direção dos programas. Responsável pela sonorização dos programas.
- *Operador de gravações:* Responsável pelas gravações de textos, musicais, vinhetas, comerciais etc. a serem utilizadas na programação, encarregando-se da manutenção dos níveis de áudio, equalização e qualidade do som.

Setor técnico: O setor técnico administra todas as atividades que envolvam sua área. É incumbido de manter os equipamentos em operação, além de executar todos os serviços técnicos necessários quando a emissora realiza coberturas ou trabalhos externos. Suas funções são executadas por dois técnicos, que são:

- *Supervisor técnico:* Responsável pelo bom funcionamento de todos os equipamentos em operação necessários às emissões, gravações, transporte e recepção de sinais e transmissões de uma emissora de rádio ou televisão.
- *Supervisor de operação:* Responsável pelo fornecimento à produção dos meios técnicos, equipamentos e operadores, a fim de possibilitar a realização dos programas.

Setor de manutenção técnica: Trabalha subordinado ao setor técnico, executando manutenções preventivas e de correção. Desse departamento fazem parte os seguintes profissionais:

- *Eletricista:* Instala e mantém circuitos elétricos necessários ao funcionamento dos equipamentos da emissora. Procede à manutenção preventiva e corretiva dos sistemas elétricos instalados.
- *Técnico de manutenção eletrotécnica:* Realiza a manutenção elétrica dos equipamentos, cabina de força e grupos geradores de energia em rádio e em televisão.
- *Mecânico:* Faz a manutenção dos equipamentos mecânicos, inclusive motores; substitui ou recupera peças dos equipamentos. É responsável pela instalação e manutenção mecânica de torres e antenas.
- *Técnico de ar-condicionado:* Realiza a manutenção dos equipamentos de ar-condicionado, mantendo a refrigeração dos ambientes nos níveis exigidos.
- *Técnico de áudio:* Procede à manutenção de toda a aparelhagem de áudio, mantendo-a dentro dos padrões estabelecidos.
- *Técnico de manutenção de rádio:* Responsável pelo setor de manutenção dos equipamentos de radiodifusão sonora, bem como de todos os seus acessórios.

Capítulo 4

Perguntas sobre a profissão

Em minha convivência durante treinamentos de capacitação e cursos de qualificação profissional para radialistas nas várias regiões do Brasil, observo que algumas dúvidas entre os alunos são recorrentes. Vamos abordar, agora, os assuntos mais freqüentes.

1. O que mudou na vida do radialista do setor de locução nos últimos anos?
Muitas coisas mudaram. Hoje, o profissional tem mais tempo para o ouvinte, para planejar melhor o que vai dizer ao microfone. O comunicador precisa se reciclar mais do que há alguns anos, justamente para poder interagir mais com as novas tecnologias, com os novos conceitos. Não se contrata mais ninguém com tabus quanto à informática, ou seja, é preciso conhecer bem o microcomputador, os sistemas operacionais, *softwares* de edição e de gerenciamento de áudio, enfim, estar antenado com os novos equipamentos que invadiram os estúdios.

2. Que mudanças os computadores trouxeram?
A entrada dos computadores nos estúdios aposentou definitivamente os antigos equipamentos periféricos analógicos, como cartucheiras, *pickups* (toca-discos) e gravadores de rolo. Foi fantástico, pois operar um estúdio até o meio da década de 1990 era desgastante. O locutor tinha de colocar discos no ponto, operar cartuchos, cassetes e fitas de rolo simultaneamente à locução. Isso tudo gerava erros durante a transmissão, o que provocava perda da qualidade estética da emissora no ar. Existem aqueles que ainda recordam, com muitas saudades, esse tempo, quando os locutores tinham mais autonomia durante o horário, ou seja, coloca-

vam a mão na massa durante o programa. Observo nos dias de hoje a facilidade com que se leva um programa ao ar, por meio de um estúdio mais compacto, simples e racionalizado. O tempo que se economiza sobra para o ouvinte, que pode ser atendido de forma mais interativa, seja por *e-mail*, pelo *chat* da rádio, ou até mesmo pelo telefone. Quanto à produção de áudio, nem se fala na qualidade e na velocidade que o mercado ganhou com os sistemas de edição não-linear. Hoje se pode produzir um comercial, um *jingle* ou uma vinheta em tempo recorde. Isso enxugou custos e ampliou a qualidade do atendimento que o rádio pode oferecer ao mercado.

3. *Quais as tendências do rádio na* internet?

O rádio atualmente, na *web*, vive os mesmos dias do rádio de 1922, ou seja, um período de adaptações aos recursos que as novas tecnologias podem oferecer. O parque técnico da *internet* brasileira ainda precisa ampliar as ofertas de conexões em banda larga, diferentemente do que já ocorre no Japão, por exemplo. Lá, as conexões são feitas por fibra óptica, o que dá mais qualidade à recepção dos conteúdos baixados pela rede. Hoje, o rádio na *internet* não desempenha nem um décimo do que ele pode oferecer ao mercado. Bill Gates fez uma declaração em uma das edições da revista *Forbes*, em 1998, dizendo que o maior parceiro da *internet*, como veículo de mídia, era o rádio. Isso por causa da unissensorialidade desse veículo, ou seja, a capacidade que o rádio dá a você de ouvi-lo e fazer outras coisas ao mesmo tempo.

4. *As novas tecnologias diminuíram a mão-de-obra?*

Sim, a evolução tecnológica deixou muita gente desempregada nesse mercado. É o lado injusto da nova tecnologia. Afinal, o papel das máquinas sempre foi aprimorar serviços e reduzir custos. A mão-de-obra de mercado iria contribuir com sua parcela no processo de reengenharia das empresas de radiodifusão. Mas isso não ocorreu só no rádio: observe que todos os segmentos que receberam nova tecnologia para aprimorar seus serviços sofreram esse efeito, seja na agricultura, na indústria automotiva, seja até mesmo nas empresas de prestação de serviços – a nova tecnologia desempregou pessoas. O processo teve início com a Revolução Industrial na década de 1930, quando poucas máquinas começaram a fazer o trabalho de dezenas de homens. O homem e o mercado de trabalho precisam estar atentos às mudanças.

5. *Qual o papel das novas tecnologias no meio radiofônico?*

As novas tecnologias trouxeram ao rádio o máximo da sua própria essência: a velocidade, a instantaneidade, a mobilidade. Aprimoraram a qualidade dos serviços prestados e a credibilidade na apuração do fato e da notícia. A nova tecnologia simplificou as coisas de maneira geral. Processos mais simples de edição de áudio, sistemas operacionais de gerenciamento e administração de redes via satélite deram ao rádio mais qualidade e credibilidade ao anunciante.

6. *O rádio pode superar a TV algum dia?*

Não, a imagem é tudo. Embora o rádio trabalhe com a imagem mental, jamais o ouvinte poderá construir uma idéia precisa do fato. Cada veículo cumpre o seu papel na difusão do acontecimento e da notícia. Quanto ao anunciante, o maior problema do rádio é o *check-in* da veiculação da grade comercial e os índices de verificação de audiência. As emissoras de rádio ainda não possuem meios efetivos para a verificação de seus índices de audiência. Existem alguns sistemas que estão em fase de teste no Brasil e que irão favorecer o meio, mas por enquanto o rádio vai ter de se contentar em ter uma das menores fatias do mercado publicitário. Isso sem falar na falta de credibilidade que o meio plantou durante sua história, por intermédio de radiodifusores pouco profissionais.

7. *É importante o radialista se qualificar profissionalmente?*

Sim, a mão-de-obra no rádio é qualificada, ou seja, você precisa ser treinado e preparado para desempenhar bem seu trabalho. Mas o radialista não deve fazer do registro profissional DRT um meio de estabilidade na profissão. É preciso estar atento e em constante reciclagem, a fim de aprimorar seus conhecimentos. Já se foi o tempo das grandes vozes na garganta com pouca coisa no cérebro. O comunicador precisa ter conteúdo, informação, opinião e muita cidadania. Só assim podemos dizer que o profissional pode ter estabilidade em um mercado tão concorrido e vulnerável a mudanças.

8. Como se tornar um radialista do futuro?

O profissional do futuro precisa estar consciente de que as mudanças podem vir sem aviso prévio. É importante vigiar constantemente as qualidades pessoais de relacionamento dentro do meio. Um bom inter-relacionamento profissional é decisivo na hora de se manter no mercado. Quanto ao que vem por aí, na digitalização do rádio, é só aguardar. Sou bastante otimista quanto ao rádio, pois nas maiores crises que enfrentou na sua história sempre achou soluções para continuar sendo a mídia da emoção e o maior companheiro dos brasileiros.

Capítulo 5
≈
Competência emocional*

> *Como anda a sua inteligência emocional?*
> *De nada adiantam a capacidade mental e o conhecimento técnico se não soubermos lidar com as informações, com as pessoas e com a vida.*
> *É aí que entra a inteligência emocional.*

Nas quase três décadas que convivo com o jornalismo e com a formação profissional dentro do rádio, observo que antes de falarmos bem, fazendo o bom uso da palavra, necessitamos de uma mente organizada e preparada para raciocinar rapidamente. Senti que este livro não estaria realmente completo, sobretudo quando se enfoca o tema *emoção*, se não pudesse passar para o leitor a importância de se programar emocionalmente para chegar aos seus objetivos, seja como locutor, produtor, redator, coordenador, seja em qualquer outra função que lhe interesse dentro do rádio. Para que as coisas possam começar a acontecer na sua vida profissional, é preciso estar consciente e emocionalmente seguro, em especial naqueles momentos que exigem de você maior competitividade. Este é o momento certo de lhe falar que:

As coisas só são impossíveis para aqueles que não se preparam e difíceis para aqueles que não tentam.

---

* Referências bibliográficas que serviram de base para o desenvolvimento deste capítulo: Maria Amélia Vallim de Oliveira, *Pilotando bem sua vida com competência emocional*; Siegfried Brockert e Gabriele Braun, *Teste o seu QE: inteligência emocional*; Daniel Goleman, *Inteligência emocional*.

De nada adianta você desejar algo e não trabalhar para conquistá-lo, se preparar e não tentar, não se encorajar e não sair em busca dos seus objetivos.

Falar em um microfone de rádio, diante de uma câmera de TV, palestrar em um auditório, palco ou palanque, expressando-se com propriedade e segurança, isso tudo requer muito mais maquiagem interna do que aquela que se faz diante de um espelho no camarim. A vida tem me mostrado que nós, humanos, somos muito semelhantes biologicamente, mas muito diferentes psicologicamente. Daí a necessidade de desenvolvermos a observação, a sensibilidade e a inteligência para que nossa convivência seja harmoniosa. Umas das coisas que os seres humanos ainda preservam em comum são o medo e a insegurança quando deparam com o desconhecido. É comum sentir-se inseguro e até certo ponto desmotivado quando as dificuldades parecem dominar a situação.

O que diferencia uma pessoa da outra são os objetivos de conquista, as prioridades estabelecidas e a força de vontade de cada uma.

Costumo observar que o radialista é no ar o que ele é como pessoa. Seja ao microfone como locutor, no texto como redator, no conteúdo do programa como produtor, na mesa de áudio como sonoplasta, seja na administração de uma emissora como coordenador ou diretor. No desempenho da função, no cotidiano do trabalho, não dá para ser diferente daquilo que realmente se é. As coisas podem ficar muito difíceis nesse ambiente, quando não administramos o emocional em sincronia com o profissional. Não dá para separar uma coisa da outra. São funções estressantes, uma corrida contra o relógio, em que a tensão emocional é uma tênue linha esticada até os limites. Tempo, prazos, dependência de terceiros e de situações externas alheias à nossa vontade, tudo isso ao mesmo tempo. As pessoas convivem dentro desse liquidificador, num turbilhão de acontecimentos, reagindo de diferentes maneiras aos fatos.

Quociente de Inteligência e Quociente Emocional

Ao contrário do que muita gente pensa, o famoso Q.I. não é fator determinante para uma vida mais feliz e bem-sucedida. Pessoas com um quociente de inteligência altíssimo sobrevivem trabalhando para outras que possuem um Q.I. modesto. O motivo? Inteligência emocional. Começar a dar nomes para a imensa gama de emoções e sentimentos que nos percorrem todos os dias é um grande começo. A prática regular da reflexão e da meditação também é uma excelente maneira de tornar nossas emoções mais inteligentes. E ainda, pelo menos uma vez ao dia, conversar com uma outra pessoa tentando, com honestidade e consciência, se interessar por ela, se interessar por seus valores, mesmo que sejam totalmente diferentes dos seus, ajuda a aprimorar sua sensibilidade às emoções. A inteligência emocional pode ser aprendida e desenvolvida.

Inteligência emocional

Esse é o nome dado por Daniel Goleman (autor do *best-seller Inteligência emocional*) para se referir a uma série de competências que o ser humano sempre teve, mas que geralmente está pouco ou nada desenvolvida. A capacidade de se colocar no lugar do outro, de sentir como o outro, tentando verdadeiramente compreendê-lo, seria uma dessas competências. Estamos falando de empatia. Desenvolvê-la é fundamental para uma vida mais harmônica. Quando criamos empatia com alguém, nossa mente inconsciente capta a mensagem de que estamos diante de uma pessoa que nos respeita e tenta compreender nossos valores. Acaba surgindo, então, uma via de mão dupla, na qual ambos procuram se compreender mutuamente na busca de um relacionamento bem-sucedido. E isso vale para todos os tipos de relacionamento: afetivos, profissionais, familiares e pessoais. Numa empresa, de comunicação, por exemplo, onde o tempo é precioso, se uma pessoa precisa de uma informação urgente e ela é emocionalmente inteligente, certamente conseguirá essa informação muito mais rápido que outra que não desenvolveu esse tipo de competência.

Relacionamento interpessoal

Relacionar-se bem é uma das artes mais complexas na sociedade moderna. Para gerar confiança nos outros é preciso ter a habilidade da em-

Foto 16. Manter as coisas no controle requer concentração, organização e preparo emocional. Sandra Grott na Rádio Cidade-SP, 1985.

patia. E, para isso, temos de aprender a entrar em contato com nossas emoções, não temê-las nem reprimi-las. Agindo assim, começamos a dialogar com o nosso mundo emocional e a estabelecer com ele uma relação mais justa e saudável.

Conseqüência: deixamos de ser escravos dos nossos impulsos emocionais, uma conquista que nos permite aprimorar o autoconhecimento. Aprender a lidar com o medo, a raiva, o ciúme, a frustração e a ansiedade é fundamental. Com as emoções equilibradas e mais inteligentes, a pessoa se torna apta a conduzir sua vida de maneira mais lúcida e consciente.

Administrando as emoções

Durante a nossa educação, muito pouco se fala sobre as emoções. Aprendemos a usar nosso intelecto, nosso corpo, mas, em relação às emoções, é quase como se elas não existissem. Ninguém, com raras exceções, nos estimula a expressar aquilo que sentimos, a fazer um contato real com a vida que se manifesta em nosso centro emocional. O próprio Daniel Goleman propõe que isso passe a fazer parte do currículo das escolas. Seria maravilhoso. Até cerca de vinte anos atrás, só se privilegiava o nível intelectual da pessoa (Q.I.) como fator determinante para uma vida bem-sucedida. Atualmente, inúmeras pesquisas apontam para o fato de que o grande diferencial do ser humano é a inteligência emocional. Nas contratações das grandes empresas, a tendência é valorizá-la mais do que outras competências.

Aprimorando a inteligência emocional

É preciso começar a observar as emoções, os sentimentos, se dar conta deles. Um exercício interessante é reservar no final do dia alguns minutos para tentar repassar quais as situações vividas e as emoções que elas geraram. Quais foram as predominantes e, sobretudo, dar nomes a essas emoções. Não se preocupe em lembrar todas, será impossível. Entrar em contato com algumas delas já será muito proveitoso. Trabalho há quase trinta anos com treinamento profissional de radialistas e é impressionante o número de alunos, alguns muito inteligentes do ponto de vista intelectual, que me procuram para colocar suas dificuldades e que têm apenas dois ou três nomes para expressar suas emoções ou sentimentos, por exemplo, nervosismo, tensão e ansiedade. Ou, então, medo e tristeza. Esse é todo o repertório. Portanto, começar a dar nomes para a imensa gama de emoções e sentimentos que nos percorrem todos os dias é um grande começo.

Conceitos de Goleman

O psicólogo Daniel Goleman, Ph.D., com seu livro *Inteligência emocional*, retoma uma nova discussão sobre o assunto. Ele traz o conceito da inteligência emocional como maior responsável pelo sucesso ou insucesso das pessoas. A maioria das situações de trabalho é envolvida por relacionamentos entre as pessoas. Dessa forma, pessoas com qualidades de relacionamento humano, como afabilidade, compreensão e gentileza, têm mais chances de obter sucesso. Goleman procura demonstrar que não só a razão influencia nossos atos, mas também a emoção é responsável por nossas respostas e tem grande poder sobre as pessoas. Algumas habilidades emocionais são consideradas importantes para que uma pessoa alcance seus objetivos, seja feliz e tenha sucesso na vida. Dentre essas habilidades estão controle do temperamento, adaptabilidade, persistência, amizade, respeito, amabilidade e empatia. Goleman apresenta os seguintes níveis de inteligência emocional:

- *Autoconhecimento emocional – Autoconsciência:* Conhecimento que o ser humano tem de si próprio, de seus sentimentos ou intuição. Essa competência é fundamental para que o homem tenha confiança em si mesmo (autoconfiança) e conheça seus pontos fortes e fracos.
- *Controle emocional – Capacidade de gerenciar os sentimentos:* É importante saber lidar com os sentimentos. A pessoa que sabe controlar os próprios sentimentos pode se dar bem em qualquer lugar que esteja ou em qualquer ato que realize.
- *Automotivação – Ter vontade de realizar, otimismo:* Pôr as emoções a serviço de uma meta. A pessoa otimista consegue realizar tudo que planeja, pois tem consciência de que todos os problemas são contornáveis e solucionáveis.
- *Reconhecer emoções nos outros – Empatia:* Saber se colocar no lugar do outro. Perceber o outro. Captar o sentimento do outro. A calma é fundamental para que isso aconteça. Os problemas devem ser resolvidos por meio de conversas claras. As explosões devem ser evitadas para que os relacionamentos não sejam prejudicados.
- *Habilidade em relacionamentos interpessoais – Aptidão social:* Capacidade que a pessoa deve ter para lidar com as emoções do grupo. A arte dos relacionamentos deve-se, em grande parte, a saber lidar com as emoções do outro. Saber trabalhar em equipe é fundamental no mundo atual.

Sentimentos e emoções na inteligência emocional

Emoções são sentimentos que se expressam em impulsos e numa vasta gama de intensidade, gerando idéias, condutas, ações e reações. Quando burilados, equilibrados e bem conduzidos, transformam-se em sentimentos elevados, sublimados – tornam-se, aí sim, virtudes. Os sentimentos mais fortes do homem são a tristeza, a alegria e a raiva. É fundamental saber lidar com eles. As pessoas que sabem controlar as emoções são aquelas que obtêm mais sucesso na vida em qualquer tipo de medição: testes de seleção profissional, seletivas internas de trabalho etc. Em relação à educação, Goleman e outros autores que pesquisei para redigir este capítulo falam da importância de "educar" as emoções e fazer que as pessoas também se tornem aptas a lidar com as frustrações, negociar com os outros, reconhecer as próprias angústias e medos etc.

Os tipos de inteligência

O psicólogo Howard Gardner, da Universidade de Harvard, nos Estados Unidos, propõe "uma visão pluralista da mente", ampliando o conceito de inteligência única para o de um feixe de capacidades. Para ele, inteligência é a capacidade de resolver problemas ou elaborar produtos valorizados em um ambiente cultural ou comunitário. Assim, ele propõe uma nova visão da inteligência, dividindo-a em sete diferentes competências que se interpenetram, pois sempre envolvemos mais de uma habilidade na solução de problemas. Embora existam predominâncias, as inteligências se integram:

- *Inteligência verbal ou lingüística:* Habilidade em lidar criativamente com as palavras.
- *Inteligência lógico-matemática:* Capacidade de solucionar problemas que envolvem números e demais elementos matemáticos; habilidade para raciocínio dedutivo.
- *Inteligência sinestésica corporal:* Capacidade de usar o próprio corpo de maneiras diferentes e hábeis.
- *Inteligência espacial:* Noção de espaço e direção.
- *Inteligência musical:* Capacidade de organizar sons de maneira criativa.
- *Inteligência interpessoal:* Habilidade em compreender os outros, em aceitar e conviver com o outro.
- *Inteligência intrapessoal:* Capacidade de relacionamento consigo mesmo, autoconhecimento; habilidade em administrar os sentimentos e emoções a favor de seus projetos. É a inteligência da auto-estima.

- *Inteligência pictográfica:* Habilidade que a pessoa tem em transmitir uma mensagem pelo desenho que faz.
- *Inteligência naturalista:* Capacidade de uma pessoa de sentir-se um componente natural.

GERENCIANDO A INTELIGÊNCIA EMOCIONAL NO AR

Foto 17. Tina Roma na Rádio Jovem Pan SAT-SP, 2002.

Segundo Goleman: "Um princípio básico para o desenvolvimento da inteligência emocional na atividade profissional é o respeito mútuo pelos sentimentos dos outros, e para tanto é necessário que o profissional saiba como se sente e seja capaz de comunicar abertamente suas sensações e sentimentos".

O radialista não deveria subestimar suas emoções, mas ser capaz de expressá-las de modo saudável à audiência que constrói. Demonstrar as emoções, saber categorizá-las e comunicá-las, fazendo entender suas próprias necessidades emocionais. Quanto maior for esse conhecimento, maior será a eficácia da comunicação, pois podemos mobilizar interesses, curiosidades, conhecimentos prévios, aspectos das histórias de vida, articulando as emoções e os pensamentos daqueles que nos ouvem. Hoje, com o que a *internet* nos possibilita, podemos estar mais próximos dos ouvintes, bem como conhecê-los em seus aspectos sociais, cognitivos, afetivos e emocionais. Perceber o que o público sente é a essência da empatia, uma das características fundamentais da inteligência emocional. A partir do momento em que o comunicador reconhece as emoções do seu público (medo, raiva, alegria, admiração, tristeza), cria uma enorme chance de aumentar o interesse pelo que diz e, por conseguinte, a audiência. O público passa a se sentir valorizado, legitimado em seus sentimentos e, conseqüentemente, fortalece sua auto-estima.

ORGANIZANDO SUAS EMOÇÕES

Procure olhar para dentro de você e comece a lembrar quais as coisas que limitaram seu caminho. Visualize as situações e motivos que o impediram de realizar objetivos. Dê alguns momentos para si mesmo, recorde-se, coloque a mente para relembrar. O que acontece agora? O seu cérebro está – em segundos – processando milhares de informações ao mesmo tempo, indo ao passado resgatar tudo aquilo que você armazenou na memória, como coisas negativas que fizeram que seus projetos não acontecessem. Procure imaginar agora o interior da sua mente como uma grande sala cheia de estantes repletas de livros. Em cada livro dessas estantes está contido um fato, um acontecimento, uma situação, agradável ou desagradável de lembrar. Quando esses livros estão misturados, desordenados, sem organização alguma, nossa mente se dispersa, se desconcentra e se perde tentando se encontrar. É nesse momento que surge a grande diferença entre as pessoas. Essa diferença chamamos de *razão*. Uma habilidade natural e pessoal de encarar as coisas. Somente a razão poderá colocar ordem nos fatos dentro da mente, organizando-os em estantes imaginárias que não deverão ser mexidas, e em outras que serão constantemente consultadas por estarem em primeiro plano dentro de seus interesses. Hipoteticamente, por meio da razão, você pode sugerir para si mesmo que os fatos e acontecimentos, ou melhor, os livros que repousam nas estantes de sua mente tenham capas de cores diferentes. Assim, você pode sugerir à mente que nunca abra os livros de capa preta, por exemplo, pois eles relembram derrotas e dificuldades, mas abra os de capa vermelha, que lhe fazem lembrar de momentos agradáveis.

Neurolingüística, a chave de muitas portas

Quero que você volte comigo ao plano lógico das coisas, no qual a razão é palpável e objetiva. Desde a década de 1990, nos Estados Unidos, antes mesmo de se falar na inteligência emocional como uma técnica, desenvolveu-se uma ciência inovadora e revolucionária no campo da psicologia: a *programação neurolingüística*. Procurei pesquisar alguns trabalhos de consagrados especialistas nessa área. O autor Anthony Robbins, em seu livro *Poder sem limites*, diz: "A programação neurolingüística olha para a estrutura da experiência humana, não para o seu conteúdo".

Estruturamos nossas representações internas por meio dos sentidos – *visão, audição, tato, olfato* e *gosto*. Em outras palavras, seria o mesmo que dizer que experimentamos o mundo na forma de sensações *visuais, auditivas, sinestésicas, gustativas* e *olfativas*.

Anthony Robbins acrescenta que, quando desejamos muito que determinada coisa aconteça, tanto no campo material como no profissional, devemos nos associar ou desassociar dela. Vamos simplificar. Nossa capacidade neurológica, ou seja, tudo que pensamos, é ligada à nossa capacidade de realizar coisas.

Tudo que fazemos fica arquivado na nossa mente e é representado pelos sentidos, originalmente pelas três grandes modalidades: *visual* (o que vemos), *auditiva* (o que ouvimos) e *sinestésica* (o que nossas sensações externas nos mostram: frio, calor, molhado, por exemplo). Essas modalidades formam enormes conjuntos de idéias, com os quais construímos nossas representações internas. Seria o mesmo que dizer: são os assuntos que moram dentro de nós, com os quais conversamos e tiramos nossas próprias conclusões a respeito de determinada coisa. Você pode considerar os cinco sentidos os construtores de suas experiências ou resultados.

Associando ou desassociando imagens

Imagem associada é aquela que você experimenta como se estivesse realmente lá.

Vou dar um exemplo: você está apaixonado por trabalhar em rádio ou televisão, então, pensa como deve ser incrível estar em um estúdio, falando para as pessoas, compartilhando experiências com os profissionais – que só conhece pelo rádio ou pela televisão. Como e quando será, ou quantos anos mais podem demorar para que consiga chegar lá? Você constrói essa imagem e vê com seus próprios olhos, ouve e sente como se estivesse com seu próprio corpo naquela hora, naquele estúdio.

Imagem desassociada é a que você experimenta como se a estivesse vendo de fora de si mesmo, como se assistisse a um filme sobre si mesmo.

Pare um minuto para lembrar uma experiência agradável que tenha tido. Agora, entre nessa experiência. Veja o que viu com os próprios olhos: as cenas, as imagens, as cores, brilhos e assim por diante. Ouça o que ouviu: as vozes, os sons etc. Sinta o que sentiu: emoções, temperatura e assim por diante. Experimente como era. Agora, saia do seu corpo e sinta-se afastando da situação, mas de um lugar de onde você ainda possa ver-se lá, na experiência.

Imagine a experiência como se estivesse vendo um filme. Qual é a diferença dos seus sentimentos? Em qual dos exemplos eles foram mais intensos: no primeiro ou no segundo? Isso distingue uma experiência associada de uma desassociada. Usando experiências diferentes, você pode construir situações diferentes, como associação *versus* dissociação, ou seja, você pode mudar radicalmente suas experiências de vida. Lembre-se de que todo comportamento humano é resultado do que somos, e que nossos estados são criados por nossas representações internas: as coisas que imaginamos, as coisas que dizemos e assim por diante. Da mesma forma que um diretor de televisão pode mudar o roteiro ou o cenário de uma novela, a trilha musical de uma cena, mexendo diretamente com o sentimento de seus telespectadores, você também pode mudar o efeito que qualquer experiência na vida tem sobre você. O volume, a intensidade de cor, a quantidade de movimento, a qualidade da imagem etc. vão criar o estado que você quiser no seu público. Igualmente, você pode dirigir seu cérebro para gerar qualquer estado ou comportamento que apóie suas idéias e metas.

Praticando a associação de imagens

Novamente, quero que pense em uma recordação muito agradável. Pode ser recente ou antiga. Só feche os olhos e pense nela. Agora pegue essa imagem e a torne mais brilhante. Enquanto a imagem brilha, note como seu estado muda. A seguir, quero que traga seu estado mental para mais perto de você. Pare agora e o torne maior. O que acontece quando você manipula essa imagem? Muda a intensidade da experiência, não é? Para a grande maioria das pessoas, fazer que uma lembrança, já agradável, torne-se maior, mais brilhante e mais próxima cria uma imagem mais poderosa e mais agradável. Isso aumenta o prazer da representação interna, deixando-o num estado de confiança e alegria. Como vimos anteriormente, todos temos acesso a três modalidades ou sistemas representativos: *visual*, *auditivo* e *sinestésico*. As pessoas contatam o cérebro a princípio pela estrutura *visual*; reagem às cenas que visualizam notadamente pela estrutura *auditiva* ou *sinestésica*. Elas reagem com mais intensidade ao que ouvem ou sentem. Assim, depois de você ter variado as cenas visuais, vamos tentar a mesma coisa com os outros sistemas representacionais. Traga de volta a lembrança agradável com a qual já trabalhamos. Aumente o volume das vozes ou sons que ouve. Dê-lhes mais ritmo, um tom mais profundo, uma mudança de timbre. Faça-os mais fortes e afirmativos. Agora, faça o mesmo com as *sensações sinestésicas*, que são temperatura, peso, densidade, textura e duração. Torne a lembrança mais quente, mais suave, mais macia do que era antes. O que acontece com os seus sentimentos em relação à experiência?

Nem todas as pessoas respondem da mesma maneira. Em particular, as sugestões *sinestésicas* motivam diferentes respostas em diferentes pessoas. É provável que você ache que tornar a imagem maior e mais brilhante a realce, pois dá mais intensidade à representação interna, torna-a mais atrativa e, o mais importante, deixa você num estado mais positivo e mais cheio de recursos.

Praticando a dissociação de imagens

Tentemos o mesmo com uma imagem negativa. Quero que pense em algo que o aborreceu e causou-lhe dor. Agora pegue essa imagem e torne-a mais brilhante. Traga-a para mais perto de você. Torne-a maior. O que está acontecendo em seu cérebro? A maioria das pessoas acha que seus estados negativos se intensificam. Os sentimentos ruins que sentiam antes ficam mais fortes. Agora, ponha a imagem de volta onde estava. O que acontece se você a tornar menor, mais apagada, mais afastada? Tente e note a diferença em seus sentimentos. Você descobrirá que os sentimentos negativos perderam força. Mais uma vez, pegue a imagem negativa com a qual começou e torne-a menor. Esteja atento para o que acontece quando a imagem encolhe. Agora desfoque-a, faça-a indistinta, apagada e difícil de ser vista. Depois, afaste-a de você, empurre-a para trás, de modo que mal possa vê-la. Finalmente, empurre-a de volta para um sol imaginário. Repare o que você vê e sente enquanto ela desaparece do mundo. Faça a mesma coisa com a modalidade *auditiva*. Abaixe o volume das vozes que ouve. Torne-as mais letárgicas. Tire-lhes o ritmo e as batidas. Faça o mesmo com as percepções *sinestésicas*. Faça que a imagem fique pairando fina e insubstancial, flácida. O que acontece com a imagem negativa quando passa por esse processo? Se você for como a maioria das pessoas, a imagem perde poder, torna-se menos potente, menos dolorosa, ou até mesmo inexistente. Você pode pegar alguma coisa que lhe causou grande dor no passado e torná-la impotente; pode dissolvê-la e fazer que desapareça completamente. Penso que com essa curta experiência você poderá constatar como a poderosa tecnologia da *neurolingüística* poderá ajudá-lo – e muito. Em alguns poucos minutos você é capaz de pegar um sentimento positivo e transformá-lo em um sentimento mais fortalecedor. Também é capaz de mexer com uma imagem negativa poderosa e tirar-lhe a força que tinha sobre você. Antes, você estava sujeito a conviver com os resultados de suas representações internas. Agora, no entanto, você deve saber que as coisas não precisam ser mais desse jeito. Partindo do que sempre digo – "o locutor é no ar o que é como pessoa" –, você estará mais preparado, mais seguro e mais consciente da responsabilidade de falar ao microfone.

Testando sua intensidade emocional

Ao fazer o teste, procure entrar em contato com as suas emoções. Respondendo às questões, tente perceber se você está ansioso e disperso, ou calmo e concentrado. Esse já é um bom treino para aprimorar sua inteligência emocional. Para cada pergunta, marque quantas alternativas quiser.

1. Como você se define?

A. Eu costumo me manter calmo e controlado em situações alarmantes ou inesperadas.
B. Eu geralmente deixo escapar coisas que na verdade não queria dizer.
C. Dificilmente o meu humor se altera.
D. Eu percebo que sou escravo das minhas emoções.

2. Qual desses comportamentos você costuma ter numa festa?

A. Numa conversa, todos percebem claramente minha opinião.
B. As pessoas felizes, se divertindo, muitas vezes me parecem primitivas.
C. Sinto-me à vontade com praticamente qualquer pessoa.
D. Quando querem saber mais a meu respeito, fecho-me como uma ostra.

3. Sua tendência maior é:

A. Expressar minhas emoções aos outros.
B. Achar que é um sinal de fraqueza ter e expressar emoções.
C. Em relação a uma pessoa, confiar mais nos meus sentimentos do que nas referências.
D. Considerar a cabeça melhor juiz que o coração.

4. Como você age no trabalho?

A. Minhas tarefas não me impedem de ter bons momentos com as pessoas de que eu gosto.

B. Muitas vezes penso: "Não vou conseguir, não vou suportar. É demais para mim".
C. Dificilmente alguma coisa tira minha concentração.
D. Gosto de fazer tudo sozinho; tenho dificuldade em pedir ajuda.

Avaliação:

Sua inteligência emocional está em alta:
Se a maioria das suas respostas foi A ou C, você é uma pessoa que tem um contato extremamente positivo com as emoções. Sua tendência é não reprimi-las e, com o amadurecimento que começa a surgir daí, você passa a compreender e a controlar os impulsos e ansiedades. Esse domínio e compreensão trazem autoconfiança e ainda permitem uma melhor avaliação do impacto que as emoções causam nos outros. Para você, autoconhecimento é fundamental.

Sua inteligência emocional pode melhorar:
Se a maioria das suas respostas foi B ou D, você é uma pessoa com uma forte tendência a conduzir sua vida dominada pelas emoções. Entrar em contato com elas não é tarefa fácil, mas é plenamente possível. Ter essa percepção já é um grande passo para começar a dialogar com a imensa riqueza que se esconde em nosso mundo de sentimentos e emoções. Explore seus medos, ansiedades e tristezas com coragem e ponderação, não como um fator que impeça seu crescimento e a realização de objetivos pessoais. Esses sentimentos podem ser seus aliados.

INTER-RELACIONAMENTO PESSOAL

Nesses anos de trabalho e convívio com um incontável número de pessoas no rádio, cheguei à conclusão de que relacionar-se bem com todos também faz parte da arte que se requer para trabalhar nesse veículo. O rádio possui uma magia toda própria que atrai certa vaidade pessoal naqueles que atuam dentro dele. É natural que nos sintamos lisonjeados e agradecidos com os elogios dos ouvintes ao nos conhecerem pessoalmente. Isso faz parte de uma coisa que integra a nossa profissão e não aparece em nosso holerite: o reconhecimento por parte do público. Mas as coisas devem ficar somente por aí, sem essa de se achar o máximo, o melhor e o insubstituível dentro da emissora ou do mercado. É nessa hora que o locutor deve mostrar o espaço que ocupa e o brilho de um grande profissional. *A simplicidade, a humildade e o respeito pelos companheiros com quem trabalhamos são a base da pirâmide do sucesso de qualquer carreira dentro do veículo.*

"Mala" é uma gíria usada dentro do mercado de trabalho de rádio e televisão, aplicada a todos os "chatos de galocha" ou àqueles que cometem erros em excesso dentro do desempenho de suas funções, comprometendo o trabalho dos colegas.

Para ilustrar melhor esse assunto, fiquei por alguns momentos relembrando algumas *malas* que já tive de carregar e que hoje se encontram perdidas e empoeiradas por aí, fora do mercado de rádio.

Os dez tipos de "mala"

1. "Deus está no céu e eu estou aqui na Terra, com o meu microfone a falar para este planeta e seus meros mortais" (*mala estrela*).
2. "Não erro nunca; se errar, é por culpa dos outros" (*mala perfeito*).
3. "Não estou para nada, não atendo telefone, não converso com ninguém no estúdio e detesto ouvintes que querem me conhecer" (*mala difícil*).
4. "Falo o que der na telha e na hora que eu quiser, afinal, sou bom de papo, envolvente, e todo mundo me ama" (*mala solto*).
5. "Não faço favores, não estou nem aí com ninguém, me irrito com qualquer coisa e entro em pânico quando tenho de segurar trinta segundos além do meu horário" (*mala neurótico*).
6. "Conto meus problemas para todo mundo, choro minhas mágoas para me acalmar e aproveito o microfone para desabafar com a galera" (*mala problema*).
7. "Sempre estou de bem com a vida, tudo para mim é destino traçado, nada me abate, tenho pique, tenho ânimo, falo sempre sorrindo. No-

tícias tristes não devem ser encaradas com tristeza. É da tristeza que a gente tira a matéria-prima da alegria" (*mala legal*).
8. "Droga! A galera dessa rádio não larga do meu pé, aqui não se pode chegar atrasado, não pode deixar o estúdio para arrumar mais tarde, não dá para deixar cinzas e bitucas de cigarro no chão. Ninguém me paga nada para comer e grana, que é bom, nunca me emprestam" (*mala folgado*).
9. "Vou bater na porta dessa emissora quanto for preciso para realizar meu sonho. Vou insistir até vencer pelo cansaço" (*mala sem alça*).
10. "Sou assim mesmo, todo mundo me critica e eu não estou nem aí. Quem quiser que se acostume comigo" (*mala assumido*).

Capítulo 6

Cérebro: centro das emoções*

> *Uma viagem pelo desconhecido pode durar um segundo quando o assunto não lhe interessa, ou levar anos para terminar quando o desejo de conhecê-lo é despertado. Este capítulo segue pela linha do conhecimento científico para podermos entender o mistério que existe dentro desse órgão que centraliza todas as nossas emoções. O leitor acompanhará uma série de perguntas e respostas na busca de algumas explicações, a fim de compreender essa maravilhosa máquina que temos dentro de nós chamada cérebro.*

Existem muitas áreas de estudo relacionadas com a mente humana que as pessoas desconhecem. Os cientistas estudam o cérebro para tentar saber mais. Os neurologistas estudam os neurônios para compreender melhor o sistema nervoso. Nós, comunicadores, estudamos técnicas para aproveitar mais a sua capacidade. Este capítulo propõe mostrar ao leitor que, além de muita técnica profissional do comunicador para atingir a audiência e posteriormente o sucesso, é fundamental desprender-se da linguagem decodificada e ensaiada e partir para a linguagem do sentimento e da emoção. Aliás, é impossível falar de rádio sem falar em emoção.

O que é o cérebro? É o mais complicado e poderoso órgão do corpo humano. O cérebro é o centro de controle do corpo. Ele flutua em um líquido dentro da cabeça e é protegido por camadas de tecido, chamadas meninges, e pelos espessos ossos do crânio. Uma rede de vasos sangüíneos supre o cérebro de oxigênio.

---

* Minha fonte de consulta foi o competente trabalho de Caroline Grimshaw, *Jornadas invisíveis*. A profundidade científica deste capítulo deve-se ao consultor técnico John Stringer.

O que há dentro do cérebro? Ele é composto de bilhões de células que se dividem em dois tipos:

- *Células nervosas (ou neurônios):* Os sinais elétricos e químicos que passam de um neurônio para outro são responsáveis por tudo o que fazemos, sentimos e pensamos. O cérebro humano tem de dez a cem bilhões de neurônios. Todos estão conectados, sendo que um pequenino neurônio está ligado a milhares de outros.
- *Células de apoio (também chamadas de neuróglias ou glias):* Apesar de células da glia não enviarem sinais, elas são muito importantes, pois protegem os neurônios e mantêm o cérebro livre de doenças.

Compreendendo o funcionamento dos neurônios: Faça uma fileira de peças de dominó, colocando-as bem próximas umas das outras. Ao derrubar a primeira peça, todas as outras cairão, uma por uma. Os sinais nervosos passam de uma célula para outra de modo parecido. Os impulsos elétricos são lançados pelo axônio e, por meio deste, alcançam o outro neurônio.

O que faz o cérebro? Recebe informações sobre o que está acontecendo dentro e fora do corpo. Ele analisa essas informações e envia mensagens para todas as partes do organismo, fazendo-as atuar de algum jeito. O cérebro:

- Controla nosso comportamento.
- Comanda nossos movimentos.
- Faz trabalhar todas as partes do corpo.
- Armazena informações, ajudando-nos a aprender e a lembrar.
- Permite-nos pensar, sentir e nos emocionar.
- Permite-nos usar a linguagem para nos comunicarmos.

Qual o aspecto do cérebro? O cérebro humano é semelhante a uma bola de gelatina rosa-acinzentada, com ranhuras e saliências cobrindo toda a superfície. É dividido em três partes:

- *Neurônio e células glia – Responsáveis pela inteligência e pelos sentimentos:* São o telencéfalo e o diencéfalo, que compõem a maior parte do cérebro, com mais de três quartos do peso total. Eles têm muitas dobras e ranhuras. Uma fissura (uma grande ranhura) divide o cérebro ao meio: hemisfério cerebral esquerdo e hemisfério cerebral direito. A camada externa do cérebro é chamada córtex. Cada hemisfério é dividido em quatro regiões, chamadas lobos.
- *Cerebelo – Controla o equilíbrio, a postura e os movimentos:* É feito de células nervosas chamadas folias. O cerebelo tem hemisfério direito e esquerdo, que ligam os diferentes lados do cérebro ao restante do corpo.
- *Tronco cerebral – Cuida dos processos do corpo, como a respiração:* É como uma longa haste. Ele conecta o cérebro à medula espinhal. A parte inferior do tronco cerebral, ou bulbo, controla os processos vitais do corpo, como batimentos cardíacos e digestão.

O tamanho do cérebro: O peso médio do cérebro de um adulto é de 1,4 kg. O cérebro se torna pesado porque os neurônios aumentam de tamanho à medida que crescemos. O número de conexões entre os neurônios também aumenta – axônios ganham novos ramos, que se ligam aos dendritos. Quanto maior for o número de conexões, mais complexo poderá ser o seu pensamento.

Qual a sensação ao tocá-lo? Macio e elástico, como uma gelatina firme. Feche suas mãos e junte-as. Seu cérebro tem aproximadamente esse tamanho.

De onde veio o cérebro? Os primeiros seres vivos eram invertebrados e não tinham cérebro desenvolvido. Em vez disso, seus corpos eram controlados por conglomerados de células nervosas, chamados gânglios. Os cientistas evolucionistas acreditam que o cérebro humano se desenvolveu gradualmente, ou evoluiu, a partir de gânglios. Analisando como jornalista e não dentro da óptica dos cientistas, prefiro arriscar uma hipótese mais criacionista. É mais simples aceitar que uma máquina tão perfeita como o homem tenha sido idealizada, arquitetada e realizada por um ser superior.

O cérebro antes do nascimento: Todos começam a vida a partir de uma única célula, que depois se divide e se multiplica. A cada célula que se forma cabe uma tarefa especial dentro do corpo humano. A primeira forma identificável é o sistema nervoso central, composto pelo cérebro e pela medula espinhal. Em sua volta desenvolve-se o restante do corpo.

O cérebro no nascimento: Um recém-nascido tem cem bilhões de neurônios. No início, a maioria dos neurônios não está conectada. Conforme a criança cresce, aprende e ganha novas experiências, as conexões entre as células são feitas e quebradas. O cérebro se desenvolve e cresce. Quando os neurônios morrem, eles não são substituídos.

Todos os seres vivos têm cérebro? Animais simples, como vermes e insetos, têm cérebros compostos de poucos grupos de células nervosas. Animais vertebrados têm cérebros mais complexos. *Cérebros simples:* tubarões e peixes. *Cérebros intermediários:* pássaros e répteis. *Cérebros desenvolvidos:* mamíferos. Em alguns animais, partes do cérebro são particularmente desenvolvidas para dar a eles habilidades especiais para sobreviver. Pássaros e peixes que migram são capazes de viajar por enormes distâncias. Já o olfato de um cachorro, por exemplo, pode ser centenas de vezes mais aguçado que o de um ser humano.

Como o cérebro trabalha? Todas as nossas ações, pensamentos e idéias são controlados pelo cérebro. Os bilhões de neurônios passam mensagens na forma de impulsos elétricos uns para os outros e para todo o corpo através do sistema nervoso. Diferentes áreas do cérebro recebem informações dos nossos órgãos dos sentidos, como olhos e ouvidos. O cérebro atua em função dessas informações, enviando mensagens para as principais partes do corpo, como músculos e órgãos.

Como o cérebro envia as mensagens de um neurônio para outro?

1. A mensagem é levada do corpo do neurônio para o axônio. Mensagens podem viajar dentro dos nervos em velocidades superiores a noventa metros por segundo.
2. Os neurônios praticamente não encostam uns nos outros. Quando uma mensagem alcança o fim do axônio, tem de atravessar um espaço pequeno, chamado sinapse, entre o *axônio* e o *dendrito* da próxima célula.

3. Impulsos elétricos não podem atravessar as sinapses, mas impulsos químicos podem. Assim, a mensagem estimula as saliências no final do axônio a liberar uma substância química especial, chamada *neurotransmissor*, que faz a ponte sobre a sinapse.
4. Quando a quantidade necessária de *neurotransmissor* alcança o dendrito, lança-se um impulso elétrico e a mensagem segue seu caminho. Cada parte do cérebro é responsável por diferentes ações. Esses diferentes centros de controle decodificam a mensagem e dizem ao corpo o que fazer. As áreas controladas pelo cérebro são: audição, fala, visão, compreensão, olfato, movimentos, tato e pensamentos.

Hemisférios esquerdo e direito do cérebro: O hemisfério esquerdo controla o lado direito do corpo. É usado para a fala, a linguagem e ações que necessitam de ordem lógica. O hemisfério direito controla o lado esquerdo do corpo. É usado para pensamento criativo e imaginação. Os hemisférios são unidos pelo corpo caloso, que nos permite usar os dois hemisférios ao mesmo tempo. Isso significa, por exemplo, que podemos ler uma palavra e visualizar o que ela significa ao mesmo tempo.

Quando o cérebro não trabalha direito: Acidentes e doenças podem danificar o cérebro. Algumas pessoas nascem com distúrbios cerebrais. Se parte do cérebro não estiver trabalhando, podem acontecer doenças cerebrais ou incapacidades físicas, entre as quais as mais comuns são:

- *Derrame:* Se o suprimento de sangue para o cérebro for interrompido, os neurônios daquela área morrerão e a parte do corpo controlada por esses neurônios pode parar de funcionar. Essa doença afeta principalmente os idosos, causa dificuldades de fala ou paralisa partes do corpo. Esses efeitos muitas vezes são temporários, porque o cérebro trata de reconstruir com outros neurônios restantes as incapacidades detectadas. Contudo o corpo carregará para o restante da vida seqüelas desse derrame.
- *Mal de Parkinson:* Afeta principalmente os idosos que não produzem dopamina, substância química utilizada pelo cérebro para controlar os movimentos. Sintomas comuns: músculos enrijecidos e membros trêmulos, os quais podem ser tratados com medicamentos.

Como o cérebro se mantém vivo? Ele precisa de constante suprimento de oxigênio. O cérebro precisa da energia dos alimentos. Quando o corpo transforma os alimentos em glicose, ela chega ao cérebro através do sistema sangüíneo. Um quinto do suprimento de sangue e oxigênio do corpo é necessário para irrigar o cérebro, cujo peso corresponde a 2% do peso total do corpo.

O que é pensamento? Ligando fios elétricos, ou eletrodos, à cabeça de uma pessoa, os cientistas mostram que o cérebro fica mais ativo quando estimulado por sons, imagens e acontecimentos. As cargas elétricas produzidas no cérebro nesse momento são chamadas de pensamentos. Quando uma pessoa pensa, energia elétrica é produzida no cérebro. Quanto mais o cérebro trabalhar, de mais energia ele necessitará. Pensar pode criar novas conexões entre as células nervosas, tornando mais fácil o processo de pensar.

O que é imaginação? É o primeiro estágio da criatividade. Muitas pessoas usam a imaginação para deixar o mundo real para trás e criar algo novo. Ou elas estudam velhas idéias e as colocam juntas de uma nova maneira.

O que é massa cinzenta? A camada externa do cérebro é chamada córtex cerebral e possui muitas dobras e fissuras. Essa massa, constituída de milhões de células, é mantida junta sob o crânio. Nós a usamos para falar, escrever, pensar, planejar e imaginar.

Por que algumas pessoas são mais inteligentes que outras? Não há ligação entre o tamanho do cérebro da pessoa e o tamanho da sua inteligência. Esta depende de muitas coisas, inclusive da natureza física do cérebro, o número e o tipo de conexões entre as células nervosas e como as pessoas foram treinadas para usar o cérebro.

- *Inteligência genética:* Todas as células do nosso corpo contêm milhares de instruções. Os genes controlam características, como cor dos olhos, forma do nariz, espessura do cabelo, que são passadas através das gerações. Os genes também são parcialmente responsáveis pela inteligência.
- *Inteligência do meio:* O que acontece com você ao longo da vida também determina o tamanho da sua inteligência. Se você tiver acesso a

poucas informações ou não for incentivado a aprender, poderá não desenvolver sua inteligência ao máximo. Estimule seu cérebro: leia, discuta e solucione problemas.

A inteligência pode ser medida? A inteligência pode ser medida por meio do teste de Q.I. A pessoa tem de solucionar problemas que envolvem memória, lógica, seqüências de imagens, definições e cálculos. A pontuação obtida é usada para calcular o número conhecido como quociente de inteligência (Q.I.).

Como nos lembramos das coisas? Acredita-se que as memórias sejam formadas e armazenadas em uma área do cérebro chamada hipocampo. Uma memória é formada pela estimulação repetida de um mesmo grupo de neurônios, que torna a conexão entre eles mais forte. Se pararmos de nos lembrar de um evento, os neurônios começam a perder suas conexões e a memória se perde.

Tipos de memória: Cada pessoa tem memórias de longo e de curto prazo. As memórias de longo prazo armazenam todas as informações que necessitamos carregar para executar nossas tarefas diárias, como ler, escrever, lembrar quem somos, o que fazemos e onde moramos. Na memória de curto prazo, as informações ficam armazenadas por alguns minutos ou algumas horas. Essa informação é excluída ou, se requisitada com freqüência, será transferida para a memória de longo prazo. Algumas pessoas têm memória fotográfica ou eidética, podem dar uma olhada rápida em uma cena ou objeto e se lembrar do que viram com detalhes. Napoleão Bonaparte (1769-1821) podia dar uma rápida olhada em um mapa e depois dizer todas as cidades e rios nele contidos.

Mentes criativas:

1. *Sonhar acordado e viver o mundo do faz-de-conta pode levar a importantes invenções e descobertas.* Albert Einstein (1879-1955) elaborou sua famosa teoria da relatividade depois de sonhar acordado debaixo de uma árvore, imaginando o caminho de um raio de sol.
2. *Artistas e escritores usam a imaginação para mostrar o mundo de um jeito diferente.* Vincent Van Gogh (1853-1890), artista holandês, pin-

tou quadros cheios de vida e energia. Eles mostram a solidão e a tristeza que o artista sentia. Van Gogh sofria de um distúrbio cerebral que o tornava violento e depressivo. Pintar era o jeito que ele tinha de comunicar para o mundo os seus sentimentos. *H. G. Wells* (1866-1946), escritor inglês, criou histórias de ficção científica em que imaginou como o mundo seria no futuro, ou como o mundo poderia ser diferente do que era na sua época. Ele escreveu sobre pessoas invisíveis ou capazes de viajar em máquinas do tempo.

Como aprendemos a nos comunicar? As crianças aprendem desde pequenas a imitar os sons que escutam ao seu redor. Elas também aprendem a descartar os sons que são capazes de fazer, mas que não são usados pelos outros. Aprendemos a nos comunicar vendo as pessoas ao nosso redor interagindo umas com as outras.

Evolução da comunicação infantil:

- *De dois a três meses:* Os bebês sorriem e emitem sons.
- *Seis meses:* Os bebês começam a desenvolver personalidade própria. Passam a fazer coisas, como segurar a mamadeira, de um jeito só deles.
- *Dos doze aos dezoito meses:* Os bebês começam a imitar as pessoas mais velhas. Nessa fase, eles começam a falar suas primeiras palavras.
- *Dezoito meses:* A criança conhece de dez a vinte palavras e começa a dizê-las juntas, formando frases.
- *Três anos:* A criança conhece cerca de novecentas palavras.

Capítulo 7

Compreendendo o uso da voz profissional

> *Há mais tempo do que a ciência é capaz de rastrear, o homem aprendeu a erguer, com a fala, a esplêndida catedral da linguagem, o que lhe permitiu conquistar para sempre um lugar à parte entre todos os seres vivos.*

Soltando corretamente a voz ao microfone

A forma como você fala mostra e mede o seu preparo, a sua formação. Se um profissional da voz cometer erros de concordância, de vocabulário, poderá ser avaliado como alguém sem preparo, com lacunas na sua formação, e sua credibilidade e competência como profissional poderão ser postas em dúvida e até mesmo diminuídas. Para cada atividade no rádio há exigências diferentes.

Porém, hoje, na vida profissional, não se admitem deficiências na expressão verbal. A maneira como você se expressa não pode comprometer a qualidade do conhecimento que você possui. Não dá para pensar em fazer rádio sem abrir a boca. Abrir o microfone é dominar o idioma com conteúdo e clareza; é ser convincente, saber estruturar as informações. Quem não solta a voz hoje no veículo está perdido. Quem se comunica pelo rádio deve levar em conta as peculiaridades da enunciação verbal. Deve evitar, por exemplo, frases longas, e trabalhar, de preferência, com uma sintaxe mais simplificada. A oralidade radiofônica amplia o acesso potencial a todos os ouvintes, independentemente do seu nível de alfabetização e de educação. Grande parcela dos nossos ouvintes, em toda parte, sobretudo nas áreas rurais, depende do rádio para se sintonizar com o mundo.

Foto 18. O radialista Paulinho Leite conduz o cerimonial de inauguração da Praça do Rádio em São Paulo, em 25 de setembro de 1989 (Dia do Rádio).

No rádio ocorreram mudanças significativas nos últimos trinta anos. As emissoras dos grandes centros buscaram a especialização para atender a uma fragmentação do mercado. O que aconteceu de mais importante foi a migração de profissionais dos meios impressos para os meios eletrônicos. Nas décadas de 1970 e 1980, um grande número de profissionais consagrados de revistas e de jornais veio ocupar o meio radiofônico, imprimindo a ele critérios textuais próprios dos meios impressos, adaptados ao rádio. O locutor que reinava absoluto no rádio do passado passa então a fazer parte de uma equipe. Como ocorre na imprensa escrita de maneira geral, houve um avanço considerável na produção jornalística do rádio. O texto ganhou mais em análise e o locutor perdeu aquela euforia característica dos anos de 1950. Houve momentos em que se chegou a pensar que o rádio sucumbiria à televisão, nada mais errôneo. Não só cresceu como também se fortaleceu, e hoje, após a entrada do século XXI, convive em perfeita harmonia com esse outro poderoso meio de comunicação de massa.

Treinando a voz profissional

A capacidade de falar corretamente às pessoas é um trunfo valioso, um dos requisitos para o sucesso profissional. O uso correto da voz é fundamental para a vida social, pois é o caminho mais seguro para travar amizades, conquistar a admiração dos amigos e a popularidade entre eles. Por meio de estudos e pesquisas, podemos afirmar que, não havendo nenhum defeito no aparelho fonoarticulatório, não existe voz impossível de ser trabalhada. Existem, na realidade, vozes treinadas ou destreinadas. Da mesma forma que você vem sendo condicionado desde o dia em que nasceu, adquirindo bons e maus hábitos, meu objetivo neste capítulo é condicioná-lo a sentir-se mais confiante em relação à sua voz e mais seguro em sua forma de se expressar. Não esqueça, no entanto, que só a prática constante e o seu empenho individual em aprimorar suas técnicas é que vão fazê-lo falar melhor, expressar-se corretamente, concatenando mais suas idéias, dominando-se diante do público, bem mais do que tem feito até agora. Não é difícil treinar a voz, como você mesmo poderá constatar.

ALICERCES CIENTÍFICOS[1]

Até alguns anos atrás, existia uma única maneira de observar os mecanismos da voz: segurando-se a língua para introduzir um pequeno espelho dentro da garganta. Nessa situação desconfortável, o máximo que alguém conseguia era soltar grunhidos. Assim, aos estudiosos, restava apenas deduzir a fisiologia a partir da anatomia, imaginando como seria a ação das cordas vocais, o par de músculos produtores do som, revestidos de mucosas, que, apesar do nome sugestivo, em nada lembram violinos ou harpas. Aliás, a julgar pela aparência, esses músculos merecem a designação menos elegante de pregas vocais, preferida pelos pesquisadores. Hoje, sua imagem ficou mais nítida: tornou-se possível introduzir uma delgada fibra óptica (ligada a uma câmera de TV) pelo nariz até a laringe, dessa forma o aparelho fonador permanece livre e desimpedido para que a pessoa examinada fale normalmente.

1. Buscando alicerces científicos para este capítulo, quero creditar as devidas referências bibliográficas aos especialistas em voz Dr. Paulo Pontes e à fonoaudióloga Mara Behlau, que tão gentilmente sempre me assessoram com seu valioso conhecimento a respeito do assunto. Foi por meio de suas pesquisas, de artigos publicados em revistas especializadas e de palestras proferidas por ambos que obtive o devido embasamento para desenvolver os conteúdos que se seguem.

O vídeo mostra que, vez ou outra, quando a pessoa inspira, as duas cordas vocais relaxadas, uma de cada lado, formam uma fenda triangular que se chama glote. Dessa maneira, o ar trafega sem obstáculos até os pulmões, onde abastece o organismo de oxigênio. Quando o diafragma, o grande músculo que separa o tórax do abdome, expulsa o ar, pode-se romper o silêncio.

Rompendo o silêncio

Quando alguém resolve soltar a voz, o cérebro ordena que os músculos da laringe fechem a glote. O ar, então, fica no meio do caminho, preso no canal da traquéia, entre os pulmões comprimidos pelo diafragma e a glote totalmente cerrada. Mas o aperto ali acaba sendo tão grande que o ar, sob pressão, força a passagem estreita entre as cordas vocais e estas, imediatamente depois da fuga do ar, voltam a se unir. O pouco do gás que escapa, no entanto, é suficiente para empurrar partículas de ar que estavam na laringe; estas, por sua vez, empurram outras e assim por diante, como peças de dominó caindo uma depois da outra. O traçado dessa cadeia de partículas teria a forma de uma onda – e de fato se trata de uma onda sonora. Na verdade, as cordas vocais abrem e fecham tão rápido que não se pode notar o movimento a olho nu. Por esse motivo, ao examinar a laringe com fibra óptica, os médicos costumam recorrer a uma luz estroboscópica, como as usadas em discotecas, que dão a ilusão da imagem em câmera lenta. Nas crianças, o movimento se repete mais de 250 vezes por segundo.

Voz, uma espécie de impressão digital sonora[2]

Embora o fator desenvolvimento do organismo também deva ser ouvido, a rigor o aparelho fonador é esculpido pelo uso.
Assim, os órgãos de fonação do brasileiro geram com facilidade os sete fonemas vocais do português: a, é, ê, i, ó, ô, u. Isso explicaria a ginástica

---

2. Citações neste item de Mara Belhau.

que é para muitos brasileiros falar outras línguas. O inglês norte-americano, por exemplo, faz soar catorze fonemas vogais – o dobro do que os músculos dos brasileiros se habituaram a realizar. Que dizer então do sueco, que emite 22 sons vocálicos?

Antes de ser moldado, porém, o aparelho fonador é capaz de aprender qualquer língua sem rastros de outros sons. Análises feitas por computadores provam que bebês no mundo inteiro emitem no mesmo tom quatro tipos de sons. O primeiro é o grito do nascimento, algo que humano nenhum será capaz de repetir na vida. "É um som peculiar, pois serve para expulsar o líquido contido no trato respiratório." Por sinal, o homem é o único animal que grita ao nascer; os bichos costumam vir ao mundo calados, provavelmente – especula-se – para não denunciar sua frágil presença a ouvidos predadores.

A voz do recém-nascido, qualquer que seja sua origem, vai do tom mais grave ao mais agudo, até que a mãe perceba que ele sente fome.

Mas quando o choro se limita a um único tom, insistente e monótono, é porque a voz reclama de dor. Finalmente, os bebês também soltam sons nasalados, leves gemidos que indicam prazer. "Para o resto da vida, o homem associará prazer e afeto à voz nasalada."

Existem apenas três línguas em que os tons nasalados predominam: o português, o francês e o polonês. "Parte da fama de românticos dos franceses e de sensuais dos brasileiros se deve ao idioma que eles falam", acreditam os especialistas.

A emoção no som da voz

Cada emoção tem voz própria. Com uma freqüência espantosa, os ouvintes costumam identificar a emoção de quem emite a voz.

Embora recentes, pesquisas nessa área já indicam pistas valiosas: quando alguém mente, por exemplo, a voz tende a não oscilar de tom, como se o mentiroso temesse escorregar para a informação verdadeira.

Quem está feliz fala mais fino e mais alto, ao contrário da voz tristonha e desanimada, mais baixa e mais grave. Fala grosso quem sente raiva, mas a voz afina e diminui de volume em situação de constrangimento.

Em épocas primitivas, quando a agressão fazia parte do convívio social, devia ser importante para as pessoas perceber na hora se a voz do outro revelava medo ou raiva.

Estudos especializados na área da fonoaudiologia revelam que algumas emoções, quando constantes, podem prejudicar a voz. É o caso da tensão e da ansiedade.

A respiração curta do ansioso fornece pouco fôlego para a emissão de sons. Sem pressão suficiente do ar, as cordas vocais se esforçam em dobro e deixam de trabalhar em sincronia.

Lubrificação das cordas vocais

A falta de umidade nas cordas vocais prejudica sua vibração. É comum, ao se falar sob tensão, a voz não querer sair: isso acontece porque as glândulas salivares ficam ressecadas. Geralmente isso ocorre no início do aprendizado e nos primeiros meses de trabalho do locutor na rádio.

Mesmo quando a experiência já faz parte do nosso cotidiano, muitas vezes não estamos livres da tensão emocional.

Ela aparece quando menos se espera, seja por mudanças na rotina de trabalho, como uma nova programação implantada na rádio, seja por depararmos com entrevistados de difícil controle diante do microfone – ou por falarem demais ou por não conterem os ânimos em um programa de entrevistas ou debate.

O recomendado nesse caso, além de preparar-se mentalmente para improvisos diante de um fato inesperado, é ter sempre por perto um copo de água, uma xícara de café ou de chá quente.

Nódulos ou calos nas cordas vocais

Aparecem naqueles que abusam e fazem mau uso da voz: cantores, professores, políticos, locutores e pessoas que acreditam que pigarrear excessivamente não prejudica as cordas vocais. Felizmente, foi-se o tempo em que, para resolver um problema de calos vocais, a vítima corria o risco de ficar calada para sempre. Hoje, microcirurgias retiram os calos, deixando as cordas vocais intactas.

Formação de uma bela voz

Comumente sou questionado por meus alunos sobre o que fazer para se ter uma boa voz ou quais as fórmulas para que ela fique bonita.

Eu diria que a voz é um atributo altamente pessoal, pois já nascemos com ela. É no ventre materno que se desenvolvem nossas características, como a cor dos nossos olhos, o tipo de cabelo, a aparência do nosso corpo, a fisionomia, enfim, é no momento da concepção que o homem recebe de seus pais toda a carga genética que definirá tudo aquilo que será em vida.

Dentre os muitos detalhes estão o tipo e o timbre de voz pelos quais será reconhecido, obedecendo evidentemente aos períodos de sua idade. *Pela voz podem-se determinar cultura, local de origem, comportamento, temperamento e traços de personalidade.*

A voz desenvolve-se com o uso correto das técnicas de locução e com os cuidados constantes e diários no tocante ao desempenho da voz profissional. O aprimoramento de uma boa voz depende, em grande parte, mais de treinamento técnico que de atributos pessoais.

Personalização da voz

Cada um de nós cria maneiras exclusivas de gerar sons, com este ou aquele conjunto de movimentos musculares. Podemos ilustrar esse conceito por meio da habilidade de uma pessoa que treina a mão para o desenho, por exemplo. Todos os músculos estão recebendo comandos do cérebro a fim de dar aos dedos e à mão condições precisas para a execução de um trabalho perfeito. *A voz é uma espécie de impressão digital sonora.* Nosso cérebro centraliza todos os impulsos, bem como sintomas internos e externos do nosso corpo, acumulando funções de controle inimagináveis à primeira vista. Tem como principal característica a velocidade de processamento das informações que chegam por meio dos nossos cinco sentidos, transferindo-as para uma região dentro de nós que recebe o nome de *região da lógica intrapessoal*. Em outras palavras: é chegada a hora de despertar para mais um dia. Nosso cérebro nos tira do mais profundo sono enviando uma ordem que diz: "É hora de levantar porque já amanheceu e temos um dia pela frente", ou, ainda, você sabe que está chegando a hora do almoço porque o estômago já enviou uma mensagem ao cérebro, informando que nosso organismo necessita consumir alimentos para que sejam transformados em energia. Todas essas informações chegam à região da lógica intrapessoal. Isso significa que não precisamos perguntar a ninguém o que devemos fazer nessas horas. *Intrapessoal* refere-se ao que há de mais pessoal dentro de nós.

É o conhecido "relógio biológico", que dirige nossas vontades, atitudes e poder de decisão. Existem pessoas que, por distúrbios ou por graves acontecimentos emocionais ocorridos em suas vidas, sofrem uma grande perda em sua capacidade intrapessoal, o que provoca uma degeneração na capacidade de decidir as coisas sozinhas, numa espécie de desacerto desse relógio interno. *Seria como se nossa voz atuasse como um verdadeiro túnel de ligação entre o nosso mundo interior e o exterior. A relação entre o equilíbrio de nossas palavras e os que nos ouvem está diretamente ligada ao nosso controle intrapessoal.*

Sendo assim, o equilíbrio de quem se comunica vem lá de dentro, do que realmente somos e sentimos.

Nuanças da voz

No encontro das ondas sonoras dentro dos sistemas de ressonância pode ocorrer de uma onda atenuar a outra, ou seja, o jogo de abafar ou aumentar o volume de certos sons dá ao homem uma voz quase tão rica em nuanças quanto a música de um piano. O locutor faz das nuanças de sua voz a ferramenta principal dentro dos recursos de interpretação. É dessas nuanças que ele cria inflexões que valorizam a leitura de um texto, quando colocadas no momento e na dose certos.

Amplificação da voz[3]

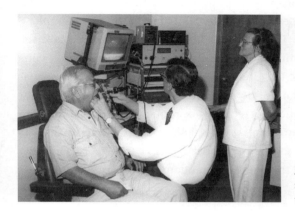

Foto 19. O dr. Paulo Pontes realiza exame das cordas vocais em paciente.

Se dependesse exclusivamente do que se passa na laringe, o homem viveria quase mudo, pois o som produzido ali é tão fraco quanto o de um cochicho. A onda gerada na glote atravessa um verdadeiro sistema de amplificadores, formado pelos próprios pulmões, além de laringe, faringe, boca e de cavidades existentes nos ossos da face, os seios paranasais. Ao entrar em uma dessas estruturas, chamadas caixas de ressonância, é como se a onda ricocheteasse. Desse modo, acaba se chocando com outra onda sonora no caminho. Conforme a combinação resultante desse encontro, aquela primeira onda sonora é amplificada, tornando-se mais clara e audível. Ninguém fala no mesmo tom o tempo todo. A laringe ajusta o tamanho de acordo com a altura do som, grave ou agudo. Exemplo: ao estendermos a mão, ao fechá-la, a pele do dorso se estira e fica mais tensa. O mesmo ocorre com a mucosa da prega vocal.

Quando a prega é estirada pelo alongamento para produzir um som mais agudo, ao se encolher, ela fica menos tensa, dessa forma, mais massa vibra e o som é mais grave. O mesmo acontece com a mão aberta: a pele relaxa, podendo formar mais dobras.

---

3. Citações do dr. Paulo Pontes.

A onda do tom fundamental, aquela emitida pela corda vocal, ao atravessar as caixas de ressonância, é amplificada apenas em determinadas faixas, conforme o som desejado. Assim, podemos emitir, por exemplo, o som de vogais diferentes. Tudo é calculado, embora não se perceba. O sistema nervoso comanda músculos, do abdome até a face, de tal modo que a onda sonora termina sendo guiada para certos pontos de determinadas caixas de ressonância, sempre de acordo com o som. É fácil notar, por exemplo, as alterações que ocorrem na boca, que fica escancarada para emitir um "a" de exclamação, ou faz bico para produzir o acachapante "u" de uma vaia. Da mesma forma que a boca, outras caixas de ressonância, graças à ação muscular, também vivem mudando de formato.

Capítulo 8

Voz: perguntas e respostas

A voz é a nossa ferramenta de trabalho, por isso devemos cuidar bem dela. Procedimentos e cuidados dispensados à voz, seja durante o nosso dia-a-dia, seja nas horas de trabalho, nos resguardam de muitas conseqüências negativas que podem sobrevir. Neste capítulo, vamos abordar questões simples e muito úteis para a boa manutenção do nosso sistema fonoarticulatório.

1. Por que fico rouco quando gripado?
A voz enrouquece porque o excesso de muco envolve as cordas vocais. A voz engrossa porque a freqüência da onda sonora se torna mais baixa. Até que a laringe se acostume com a transformação, a voz desafina, o que fica mais evidente nos homens, nos quais a mudança é drástica.

2. Mel e limão ajudam a curar a rouquidão?
Essa pode ser uma excelente receita para a inflamação da garganta, pois a glote se fecha quando engolimos os alimentos, impedindo que eles entrem no aparelho respiratório. Se uma gota de mel chegar a cair sobre as cordas vocais, o efeito será um enorme engasgo. O único remédio para a voz rouca é o silêncio e o repouso.

3. A voz envelhece?
Sim, na velhice, a voz muda por falta de hormônios. A diminuição de hormônios e o próprio envelhecimento da mucosa que reveste as cordas vocais podem alterar a voz na terceira idade, mas, como qualquer outro músculo, cordas vocais bem exercitadas, como as dos cantores e locuto-

res, mantêm a forma. Aliás, a voz chega ao seu ápice entre os 40 e os 50 anos de idade. Costumo comparar a voz a um bom vinho: "Quanto maior o tempo, melhor o buquê".

4. Como são as cordas vocais?

As cordas vocais são um par de músculos revestidos de mucosa que, apesar do nome sugestivo, não lembram violinos ou harpas. A julgar pela sua aparência, esses dois músculos parecem mais pregas vocais, como preferem chamar os especialistas.

Nas crianças: O movimento das cordas vocais se repete mais de 250 vezes por segundo. Com isso, a vibração do ar é grande, e o resultado é uma onda mais condensada de energia ou de alta freqüência, o que gera sons mais agudos.

Nos adolescentes: Na adolescência, a entrada em cena dos hormônios sexuais nos meninos e nas meninas aumenta a massa muscular do organismo; as cordas vocais, em coro com essa transformação, tornam-se mais espessas e longas.

Nas mulheres: As cordas vocais passam a se movimentar entre 200 e 220 vezes por segundo.

Nos homens: As cordas vocais passam a se movimentar no ciclo vibratório de cerca de 110 vezes por segundo. Elas emitem apenas uma nota, que chamamos de tom fundamental; outras notas podem entrar, os tons harmônicos. Mesmo partindo de um único tom, o homem constrói toda uma gama sonora ao falar ou cantar.

5. Quem grita pode romper as cordas vocais?

Não, as cordas vocais nunca arrebentam, deixando as pessoas mudas. Quem força muito a garganta pode ficar rouco ou cansado de gritar. A longo prazo, calos poderão se desenvolver nas cordas vocais.

6. Um gole de bebida alcoólica aquece a voz?

O consumo de álcool não traz benefício nenhum para a voz. Ao contrário, é um dos principais causadores do câncer de laringe. Seu uso desmedido também pode prejudicar os relacionamentos pessoal e profissional do radialista. Os problemas acarretados pelo consumo excessivo de álcool devem ser enfrentados e tratados como doença.

7. O cigarro altera a voz?
A fumaça do cigarro aumenta a quantidade de muco nas cordas vocais, o que altera a voz. Depositam-se cristais de nicotina nas cordas vocais, provocando um pigarro constante.

8. Pigarrear ajuda a tornar a voz mais clara?
Pigarrear é um truque psicológico. Dessa forma, a pessoa se assegura de que a voz na garganta não irá falhar. Nada arranha mais as cordas vocais que um simples pigarro. Procure ingerir bastante líquido (água, suco de frutas ou bebida isotônica).

9. É importante um locutor ou pessoa que trabalha com a voz buscar orientação profissional de um fonoaudiólogo?
Sim, é de extrema importância. Para o profissional ou pessoa que depende da voz para trabalhar, uma consulta ou até mesmo um tratamento com profissional especializado diminuirá os riscos do mau uso do aparelho fonoarticulatório. Um bom especialista em voz o orientará, a fim de aprimorar:

- O autoconhecimento em relação à voz e ao ato de falar; a consciência da musculatura fono-respiratória.
- O tônus da musculatura fono-respiratória.
- O exercício respiratório.
- O exercício de vocalizações.
- O ataque vocal brusco ou suave conforme a indicação.
- A boa utilização das cavidades de ressonância (ossos da face e palato).
- O treinamento auditivo, cinestésico para perceber e controlar melhor a emissão vocal.

10. O que é necessário para ter uma boa voz?
Voz é um atributo pessoal: você já nasce com ela e a desenvolve como

qualquer uma das habilidades disponíveis no seu corpo, salvo exceções sobrevindas de causas patológicas. Uma voz normal, quando bem treinada, evolui e se aprimora. Para ter uma boa voz, recomenda-se:

- Manter a boa saúde geral.
- A ausência de problemas psicológicos relevantes.
- Observar o fato de que certas atividades profissionais requerem qualidades vocais mais desenvolvidas e até mesmo aperfeiçoadas pelo treinamento.

11. Quais os cuidados que os profissionais devem ter com a voz?
- Lembre-se de que tudo que você respira passa por seu instrumento de trabalho.
- Cuide de sua saúde, é bom descansar.
- Fale somente no seu tom, na sua área de conforto.
- Evite esforço físico excessivo.
- Durma bem, as horas necessárias.
- Evite tossir, espirrar sonorizando, gritar, gargalhar exageradamente, limpar a garganta pigarreando, fumar, tudo que agride as cordas vocais.
- Evite falar competindo com ruídos, músicas ambientais, instrumentos em volume muito alto.
- Evite o consumo de álcool e fuja das drogas.
- Quando necessário, consulte um fonoaudiólogo. Ele poderá particularizar o seu tratamento e os cuidados.

Capítulo 9

Técnicas de relaxamento

Falar é um ato, uma forma de expressão oral ou verbal. É um comportamento que depende de muitos fatores, como a integridade dos órgãos da fala, o desejo ou a necessidade de se comunicar, o conhecimento da língua. Há tantos modos diferentes de falar quanto a imensa variedade do ser humano. Falar no rádio é uma aprendizagem, uma ação que se aprende e se desenvolve continuamente.

Os nossos conhecimentos são expressados ao mundo pela comunicação. Por intermédio dos livros e da história, desde os mais remotos tempos, o ser humano tem usado essa habilidade para suprir suas mais vitais necessidades, seja no campo político, seja no educacional ou no profissional.

Sem a comunicação não sobreviveríamos, e sem a palavra não externaríamos nossas vontades ou emoções.

O homem continuaria vivendo em pequenas comunidades, reunindo-se em pequenas tribos, sobrevivendo da caça e dos recursos que lhe fossem oferecidos pela natureza. No entanto, não foi isso que ocorreu, que se desenvolveu na história. Dentre os seres vivos que habitam o planeta, somos os mais nobres e evoluídos, fruto da inteligência que possuímos. Por meio da palavra nos comunicamos e passamos nossas informações e novas descobertas de uma geração para outra.

A importância das palavras

Segundo os especialistas em comunicação, a forma da palavra contribui com apenas 7% na influência que exercemos sobre as pessoas. De

Foto 20. *Nossos conhecimentos, por mais abrangentes e práticos que sejam, só têm valor se soubermos expressá-los para o mundo.* Hamilton Vesci (Banana), na Rádio Bandeirantes FM, 1988.

acordo com pesquisas de neurolingüística – que estuda certas capacidades do nosso cérebro que geralmente não usamos –, 38% da nossa influência sobre os outros acontece por meio do nosso tom de voz. A tonalidade nos dá a capacidade de fazer que as pessoas realmente pensem no que acabamos de dizer. Restam outros 55%, que cabem à forma de colocar os argumentos durante a exposição das idéias. Se dominarmos todas essas áreas, equilibrando-as, obteremos 100% de atenção dos ouvintes.

Comunicabilidade e síntese

A comunicação, quando bem elaborada, confere conhecimentos, sentimentos, informações e mensagens ao ouvinte. Hoje, para firmarmos presença, temos de fugir dos conceitos obsoletos da velha palavra carregada de *formalidades*, evitando as complicações e a prolixidade ao falar. O poder de influenciar, transformar, sensibilizar, convencer e esclarecer provém da simplicidade, não da complexidade das palavras.

Ponderando a fala

O comunicador é avaliado pelo que diz. Depois que a idéia sai do microfone e vai para o rádio, um abraço. Portanto, antes de levar ao ar o que tem em mente, reflita sobre quatro questões:

* O que estou dizendo é interessante para quem escuta?
* A coisa faz sentido para quem está do outro lado do rádio?
* As idéias estão seguindo um raciocínio lógico?
* Isso vai trazer algum benefício ou resultado positivo para o ouvinte?

Analise o que você diz e a maneira como diz: a forma de falar é tão importante quanto os aspectos acima citados. O modo como o locutor se coloca e a ênfase dada ao assunto podem mudar o sentido da frase ou da idéia.

Saúde da voz[1]

O melhor seguro que os profissionais da voz podem fazer para preservar seu instrumento de trabalho é manter a saúde vocal.
 Das áreas da comunicação, o radialista do setor de locução é o que mais faz uso da voz. Mesmo sendo o principal instrumento de trabalho, o locutor nem sempre tem consciência disso. É importante ressaltar que para ser um bom profissional dessa área é fundamental cuidar bem da voz, mantendo a saúde e a estética vocais. Para tanto é imprescindível buscar, quando necessário, orientação e acompanhamento de profissionais habilitados, no caso, fonoaudiólogos. Esses cuidados podem garantir nossa permanência no mercado de trabalho, o qual, podemos afirmar com certeza, atualmente não é formado apenas por profissionais de vozes "bem-dotadas". Hoje, na era da comunicação, o mercado da locução se abriu em inúmeras áreas de atuação da voz. Seja como locutor, narrador, dublador, seja como apresentador ou qualquer outra função que o valha, a voz mais do que nunca carece de cuidados. As práticas fonoaudiológi-

---

1. Este item teve a orientação técnica da fonoaudióloga Rosane Paiva da Silva.

cas, legalmente reconhecidas na área da saúde, bem como a realização de cursos de qualificação e treinamento para radialistas em instituições oficiais, auxiliam no desenvolvimento e na formação do radialista.

Prevenção e cuidados com a voz

Foto 21. A emissão da voz envolve movimentos coordenados dos músculos que integram o sistema fonoarticulatório. Wellington Muniz (Ceará) na Rádio Jovem Pan 2-SP, 2005.

Decorrente do trabalho na rádio, é comum o locutor ter de conviver com problemas relacionados com a voz, como rouquidão, laringite, estresse proveniente da função e muitas outras conseqüências sobrevindas da permanência em ambientes com ar-condicionado, onde sempre ocorrem variações de temperatura. Por isso, todos os cuidados são tidos como básicos para o profissional que trabalha primordial e continuamente com a voz. O alto índice de alterações vocais nos profissionais da voz tem merecido cuidadosa atenção dos especialistas, que alertam para a utilização da voz de forma inadequada, o que resulta em uso abusivo do aparelho fonador. A exposição a fatores nocivos, como falar prolongadamente em ambientes ruidosos, sem tratamento acústico apropriado, ou mesmo o inocente hábito de pigarrear bruscamente, sempre antes do ato da fala, deixam nossa voz mais vulnerável. Convivi com colegas de trabalho desavisados, que utilizavam erradamente, como prevenção aos problemas de voz, pastilhas, conhaque, gengibre, *sprays* etc. No exercício da profissão e na convivência com profissionais de fonoaudiologia, aprendi algumas técnicas preventivas. Foi mudando pequenos hábitos e comportamentos no dia-a-dia que pude verificar mudanças significativas quando a rouquidão e a estafa vocal surgiam. Algumas medidas que dão bons resultados:

- Administrar o cansaço físico e mental, procurar compensar com a prática regular de exercícios de relaxamento.
- Evitar falar alto em ambientes ruidosos ou ao ar livre.
- Procurar manter úmida a mucosa da faringe, preferencialmente com água.
- Em dias de clima seco, ingerir maior quantidade de água, principalmente durante o trabalho.
- Em conseqüência de qualquer infecção nas vias aéreas superiores, procurar tratar-se imediatamente. O bom desempenho da voz depende de cuidados constantes.
- Falar sempre no tom natural de voz, sem forçar os graves ou os agudos.
- Evitar pigarrear ou tossir para limpar a garganta. Fazer a ingestão de água para atenuar os efeitos do pigarro.
- Manter a higiene bucal.
- A rouquidão, talvez o problema mais freqüente do profissional que depende da voz, é sempre um motivo de alerta, pois pode ir de uma simples irritação momentânea da mucosa laríngea, passar por calos nas pregas vocais, ulcerações ou ainda por coisas mais graves, até, em caso extremo, um câncer laríngeo. Por isso, a rouquidão deve ser investigada o mais rápido possível, a fim de evitar qualquer tipo de prejuízo vocal.
- Disciplinar os horários de trabalho para que haja repouso vocal após cada período.
- Hidratar-se com sete a oito copos de água por dia.
- Evitar fumar.
- Fazer uma alimentação equilibrada, evitando a ingestão excessiva de

refrigerantes ou bebidas alcoólicas, comidas gordurosas ou condimentadas.
- Evitar líquidos excessivamente gelados ou mudanças bruscas de temperatura.
- Realizar exercícios de relaxamento regularmente, liberando a tensão corporal, evitando assim a produção vocal com esforço e tensão.
- Realizar avaliações auditivas e fonoaudiológicas periódicas.
- Manter a melhor postura da cabeça e do corpo durante a fala ou o canto.

Relaxamento – princípios básicos

Afirmo ser da maior importância o radialista desenvolver o autocontrole, a fim de dominar uma situação e não ser dominado por ela. Por *situação* entenda-se tudo que tenha que ver com prosseguimento, seqüência, desenvolvimento e encerramento de um programa. Muitos comunicadores, ao falarem por algum tempo ao microfone, sentem-se cansados. Isso é resultado do estado de tensão a que ficam expostos, muito embora desconheçam as causas. Um estúdio com luminosidade fraca, sistemas de ventilação insuficientes, posição maldimensionada dos equipamentos (quando se tratar de locução e operação simultâneas) ou uma cadeira desconfortável podem interferir diretamente na execução de um bom trabalho.

A tensão bloqueia a concentração, a agilidade e o raciocínio, bem como os processos mentais de concatenação de idéias.

Em seu livro *A arte de ver,* Aldous Huxley discute dois tipos de relaxamento: o *dinâmico* e o *passivo*:

Relaxamento dinâmico: É quando não existe tensão que venha bloquear os músculos. O relaxamento dinâmico ocorre quando a ação muscular é livre e sem esforço. Um cantor, comunicador ou artista ao apresentar-se, habituado a cantar, dançar e usar o corpo para dramatizar, tendo seus músculos devidamente preparados, aquecidos e relaxados, é um exemplo de *relaxamento dinâmico em ação*.

Relaxamento passivo: É quando você relaxa mentalmente durante o trabalho que estiver executando. Pode ser durante a apresentação de um radiojornal, telejornal ou um programa de entrevistas ou variedades. O relaxamento passivo ocorre quando você tem tudo planejado antecipadamente. As coisas estão em tal ordem que você pode relaxar seus pensamentos, desligando-se da tensão por alguns momentos. É o tempo da passagem de um *break* comercial, da entrada de alguma externa, ou mesmo da execução de uma música. Esse é o *relaxamento passivo*, no qual não existe envolvimento dos músculos no processo, somente da mente.

No entanto, é de suma importância que o comunicador não se descuide dos espaços disponíveis para o relaxamento passivo. Um instante de desconcentração pode provocar erros no ar.

Prevenção contra a tensão

Quando você entra no ar sua tensão sobe. Sinto isso todas as vezes que começo um programa de rádio, inicio uma aula, uma palestra ou uma reunião por cuja condução sou responsável. Acontece porque, sem perceber, me programei para isso. *Nosso corpo recebe um sinal de alerta, fazendo que cheguemos rapidamente a um estado de estresse.* Você sabe a diferença entre *estresse e distresse*?

O *estresse* é necessário. Sob esse comando de alerta, o cérebro libera adrenalina no sangue, aumentando os batimentos cardíacos e o enrijecimento muscular – é o *estresse* que salva um corredor de fórmula 1 ao desviar de um obstáculo a mais de 280 km por hora. O *estresse* faz parte da vida.

Já o *distresse* é prejudicial. É quando você fica preocupado e ansioso. Os especialistas afirmam categoricamente que *o distresse* deprime o organismo e o sistema imunológico, deixando-o mais suscetível a doenças oportunistas, como o resfriado.

Trabalhar em rádio e televisão exige controle emocional permanente. Nosso sistema nervoso fica em estado de alerta pelo simples fato de estarmos sendo vistos, ouvidos e observados. Quando executamos trabalhos de muita responsabilidade, precisamos de controle e equilíbrio absolutos para manter as coisas em ordem. Um titubeio, uma gaguejada, um detalhe esquecido no momento pode ocasionar ainda mais erros.

Relaxamento muscular

Um músculo vivo nunca se encontra completamente relaxado. Sempre está numa condição de suave contração, que o deixa preparado para entrar em ação a qualquer momento. Agora, um corpo sob tensão contínua poderá deixar o raciocínio bloqueado.

A tensão localizada na região dos ombros, pescoço e cabeça pode dificultar a respiração, interferindo na vibração das cordas vocais, que poderão alterar a qualidade vocal. Realizando um trabalho de relaxamento do corpo todo, indiretamente estaremos relaxando os músculos envolvidos na fonação. O locutor que esteja numa postura correta do aparelho fonador terá uma posição adequada para o trabalho com a voz. O hábito virá à medida que houver conscientização corporal por parte do próprio profissional. A postura ideal é aquela em que as costas ficam em contato com o encosto da cadeira, formando um ângulo de noventa graus em relação ao tórax e às pernas.

Exercícios para relaxamento geral

O relaxamento não é importante apenas para atingir um bem-estar físico e emocional no momento da fala, mas também para combater os efeitos do estresse. A seguir, algumas sugestões de exercícios que poderão ser realizados dentro do estúdio, antes ou durante sua permanência no ar. Não há uma rigidez quanto à seqüência de realização. *O fator qualidade é mais importante que a quantidade.* Os exercícios poderão ser feitos contanto que não provoquem tensão em outras partes do corpo.

Exercícios para relaxamento corporal localizado

De maneira geral, você nem tem consciência de que está tenso. Na verdade, é possível dormir a noite toda com o corpo tenso. Você acorda pela manhã e parece que continua cansado e exausto. Quando aprender a relaxar, você estará apto não só a desempenhar melhor seu trabalho como também a dormir melhor.

O relaxamento é fator importante no trabalho do radialista: tem participação ativa do corpo e da mente. Relaxar é uma atividade consciente, de observação e reconhecimento de todo o corpo, principalmente dos pontos de tensão. Todos os nossos músculos do corpo possuem um grau de tensão adequado para a realização de um movimento, denominado tônus muscular. Para eliminar a tensão, existem muitos tipos de relaxamento. A seguir, menciono alguns exercícios que visam relaxar o tônus muscular da tensão profissional:

Exercícios

Parte superior (cabeça)

1. Circular os ombros para frente e para trás (1).
2. Elevar os ombros e soltá-los relaxando (2).
3. Massagem nos ombros com as mãos (3).
4. Massagem na nuca (4).
5. Inclinar a cabeça para frente e para trás (5).
6. Elevar os braços, unindo as mãos sobre a cabeça e estirando o corpo (6).
7. Massagem na planta do pé.

3

4

5

6

Rosto

Levante as sobrancelhas e enrugue a testa. Mantenha-a enrugada por alguns momentos. Sinta a tensão na área das sobrancelhas. Agora deixe a fronte desenrugar suavemente. A tensão na testa se estende para o couro cabeludo, dessa forma você também o estará relaxando. Faça novamente. Levante as sobrancelhas bem alto e sinta a tensão até a cabeça, através das têmporas. Devagar, volte as sobrancelhas para baixo e relaxe. Sinta a tensão ir embora.

Relaxamento corporal

1. Espreguiçar.
2. Girar lentamente os ombros em ambos os sentidos (2 × cada) (7).
3. Elevar vagarosamente os ombros em direção às orelhas – fazer uma pausa – soltar (8).
4. Fazer um círculo com a cabeça em ambos os sentidos (9).
5. Articular os joelhos.
6. Articular o tornozelo.
7. Fazer movimentos leves com as articulações da face (caretas) (10).

7

8

9

10

Capítulo 10

Diminuindo os erros na locução

Uma das características mais brilhantes do ser humano é aprender de forma racional. O cérebro assimila constantemente novas coisas. Nascemos, vivemos e morremos aprendendo. O que nos torna diferentes de todos os seres vivos é a capacidade que temos de processar informações, concluir pensamentos, assimilar idéias e aprender. No entanto, nossa capacidade é potencializada quando utilizamos técnicas de aprendizado. E é isso que você faz agora, potencializa seu aprendizado aprendendo com a experiência dos outros. Você parou para pensar quantos anos você está ganhando com a leitura de um livro? Digo isso porque durante meu aprendizado na rádio não existiam escolas especializadas no ensino do radialista, tampouco livros que tratavam do assunto. A geração de radialistas à qual pertenço, da década de 1980, aprendeu errando, observando os acertos e assimilando técnicas que davam certo. Muitas vezes por sorte ou por pura casualidade, as coisas pareciam se encaixar. Mas demorou muito, naquela época, para termos conhecimento seguro do que fazer. Aliás, nunca devemos achar que sabemos tudo a respeito de alguma coisa, pois, se nos acharmos conhecedores de tudo, nosso instinto especulativo, nossa personalidade curiosa e nosso faro pesquisador acabarão atrofiando; paramos de pensar e ficamos parados no tempo, perdidos em meio à evolução das coisas.

O rádio, principalmente na freqüência modulada (FM), teve forte influência dos norte-americanos, seja na maneira de conduzir programas, dar notícias, entreter o ouvinte, seja na realização de eventos e promoções. Lá estávamos nós, à sombra dos locutores DJs norte-americanos. Afinal, grandes diretores artísticos da época, como Luiz Fernando Magliocca,

Foto 22. *O estresse profissional durante o trabalho desconcentra e desgasta. Radialista Hamilton Vesci (Banana) na Rádio Bandeirantes FM, 1988.*

Caion Gadia, Antonio Celso e Carlos Townsend, cruzaram as Américas e foram aos Estados Unidos buscar idéias para adaptá-las à realidade brasileira. O estilo tupiniquim deu tão certo que a Europa e a Ásia já importaram muitos dos nossos comunicadores. Nosso estilo alegre, criativo e descontraído tem marca registrada em nossa cultura, ou melhor, em nossa multicultura. Somos filhos de muitas nações ao mesmo tempo. Convivemos com muitos costumes que se misturam entre si. Quanto aos caminhos do rádio, estão sempre em constante evolução, como tudo no planeta. Você que faz ou planeja fazer parte desse ambiente de trabalho precisa ter leveza em seus relacionamentos e flexibilidade em suas idéias. Melhor: precisa estar aberto a novos aprendizados e conhecimentos. Por mais simples que possa parecer, o radialista não pode desprezar novas informações, pois delas virão outras e mais outras, um efeito dominó no pensamento. Se uma peça sair da seqüência, a sincronia é interrompida e as outras não caem.

CONHECENDO A DEFINIÇÃO DOS PRINCIPAIS ERROS NA LOCUÇÃO

Ao desenvolver este tema fiquei imaginando o que poderia mencionar que fosse de suma importância no capítulo dos erros. Eles são mais observados no trabalho de quem se expõe diariamente no ar, falando a um microfone e diante de uma câmera de TV. Partindo da idéia de que errar é humano, muitos radialistas são humanos demais. Trocam palavras, mudam a concordância dos verbos e alteram o sentido das coisas. Deveríamos partir do princípio de que *errar é grave!* Se você quer ser um profissional respeitado, valorizado e procurado pelas oportunidades, deve ter em mente que o erro deve ser seu inimigo implacável. Coleciono alguns erros premiados em um acervo de fitas gravadas que guardo há alguns anos. Recordo-me de alguns erros incríveis no ar. Por ética não vou citar nem rádio, nem local, nem profissional. Lembro-me de um animado locutor abrindo um horário dizendo:

"Quero *ver-los* felizes! Junto *com nós* da rádio tal".

Outro já disse:

"A temperatura hoje está demais! São 31 graus na ponta dos termômetros, *acerte o seu com a gente*!"

Um desatento locutor quanto à regência do verbo *sorrir* construiu a seguinte frase:

"Olá, como vai você? Hoje o dia amanheceu feliz e quero que você corra para o telefone e ligue pra mim! Quero que você *sorra* ao dizer alô!"

Outro, um pouco desinformado quanto ao alcance da emissora FM em que trabalhava, abriu seu horário dando um bom-dia em português, inglês, alemão e japonês (*good morning, gut Morgen* e *ohaio*). Achei que ele estivesse saudando as colônias, mas não! Após completar o bom-dia, disparou:

"Sei que vocês aí do outro lado do mundo não vão entender tudo o que eu estou falando, mas fiquem pelo menos com o meu bom-dia!"

Saiu ainda com uma vinheta da rádio que coroou o engano: "Rádio tal, a rádio que todo mundo ouve!"

O mais surpreendente foi um eletrizante e animadíssimo comunicador, dono de um pique que ninguém segurava, dizendo:

"Estou com você, quero você, você é só meu, você é só minha, não tá pra mais ninguém! Certo! Tenho em minhas mãos mais uma promoção do Esmalte *Iolô* Colorama. Você escreve pra cá dizendo qual o esmalte da mulher: Esmalte *Iolô* Colorama, é claro! E aí tá sabendo: se a sua carta for a sorteada, você leva um microondas pra casa, prêmio do Esmalte *Iolô* Colorama, o esmalte da mulher!"

Só que o desatento comunicador cometeu um erro de leitura: estava lendo *ioiô* em vez do número *1010* (mil e dez), que é realmente a marca do esmalte. O pior é que falava da promoção há quinze dias e ninguém o corrigiu. Erro de todos!
Outros erros se estenderam também a uma troca de horário entre dois comunicadores. Um, ao sair, disse:

"Você que está em nossa sintonia não deve esquecer do pedágio da nossa rádio bem na porta do Parque do Peão. Nossa equipe está bem às direita da entrada!"

O outro, percebendo o erro de concordância, disse:

"Não é *às direita*".

O primeiro, então, completou memoravelmente a correção: "Tá certo! Desculpe, gente! É *às esquerda*, não esquece, hein!"
Sabemos que o rádio, por ser o senhor do improviso, o mestre do inesperado, por isso mesmo exige do comunicador uma dose de argumentos e assuntos a serem guardados na memória e utilizados no momento certo. Recordo-me de ter presenciado, em uma das emissoras por onde passei, ainda no tempo dos comerciais veiculados em cartucho, a difícil situação de um colega locutor para safar-se de uma falha técnica. Após a fita do cartucho enrolar na cartucheira, meteu-se num embaraçoso improviso. Na falta do que falar, na busca de alguns segundos para resolver o problema que lhe pareceu uma eternidade, soltou um quilométrico "Ahh...!"
Os argumentos de que precisava não lhe vinham à mente e completou:

"Você sabia...? Ahh... Então você precisa saber. Você não sabee...? Ahh... o quê...? Ahh...! Eu também não sei...!"

Disparou uma música e não falou mais nada. O mais engraçado foi que, daí para a frente, o telefone da rádio não parou de tocar, pois os ouvintes estavam curiosos para saber o que eles deveriam saber e não souberam.

Mas o que considero o pior de todos os erros e que tive a oportunidade de presenciar ao vivo, em uma das rádios em que trabalhei, foi o de um colega locutor durante uma entrevista. Em meio a toda a eloqüência que lhe era peculiar, se desmanchava em elogios ao entrevistado, uma conhecida personalidade pública. Ele disse: "Este homem é um exemplo a ser seguido; este homem é um pioneiro em tudo o que faz!"

A fim de caprichar mais na apresentação e para ilustrar quanto o entrevistado contagiava a todos com seu brilho, imaginou homenageá-lo com a menção de ser ele, o entrevistado, um vírus que contagiava todos pela simpatia e carisma, mas um detalhe: o convidado era HIV positivo. De repente, de um segundo para outro, o infeliz do locutor lembrou-se do fato e instantaneamente tentou substituir o termo "vírus" por um sinônimo e disparou:

"Este homem é... é... *um verme* que nos contagia!"

A analogia soou como uma bomba aos ouvidos do entrevistado. E o resultado não poderia ter sido outro: um desastre total. O entrevistado simplesmente se levantou e saiu do estúdio. O locutor arrematou o fiasco com um glorioso improviso:

"Essas criaturas estão sempre ocupadas! Ele deve estar atrasado para algum compromisso e teve de nos deixar às pressas! E... vamos de música...!"

Nesse caso não sei dizer o que foi mais infeliz: o elogio, o improviso ou o locutor.

Capítulo 11

~

Erros: definições e exercícios

No início de minha carreira no rádio, igual a você, sentia uma enorme dificuldade em saber se o que estava fazendo era correto ou não. Foram necessários alguns anos pegando em "fios desencapados" pelo caminho da locução, uma série de duras dos meus coordenadores artísticos, acrescidos de uma infinidade de dicas e toques dos colegas mais experientes com quem trabalhei, para sentir-me mais seguro e preparado diante do microfone. Este item do capítulo resume algumas décadas de trabalho posteriores a essa época, nas quais exerci as funções de coordenador artístico e instrutor de prática de locução. A seguir, apresento os erros mais comuns cometidos por locutores e alunos nos cursos de treinamento e de qualificação profissional que ministrei. Mesmo ao produtor, coordenador artístico ou diretor de programas que não desempenham a função direta da locução, é muito importante conhecer e definir os erros para que possam orientar sua correção. Procure ler com atenção redobrada este conteúdo, pois ele tem por finalidade oferecer-lhe um atalho aos seus objetivos, a fim de abreviar o tempo que talvez você teria na consecução do seu aprendizado. Os erros são tecnicamente definidos para serem metodologicamente corrigidos. Esta foi a forma mais didática que encontrei para poder auxiliá-lo em eventuais dificuldades.

Falta de dicção: É desagradável ouvir um locutor "comendo" letras ou pronunciando mal as frases. Afinal, o objetivo de um profissional de rádio também é ser bem compreendido no que diz. A omissão das letras finais de algumas palavras faz que os ouvintes não tenham uma compreensão efetiva do que foi falado. Procure ouvir-se melhor quando fala, a fim de detectar possíveis erros de omissão de letras, como "S", "R" e "L". A dicção tem relação direta com a pronúncia e a articulação da fala. Você consegue aprimorar mais o resultado final da sua locução praticando mais exercícios para fortalecer a musculatura do rosto, que é decisiva no resultado final da pronúncia dos sons. *Exercício:* Geralmente utilizamos uma borracha escolar colocada entre os dentes da frente. Procure ler um texto dessa forma, pois ao falar você estará forçando os músculos da face, o que facilita o treino de dicção.

Articulação travada: No momento da fala, muitas atitudes estão envolvidas, como a articulação clara, para que a frase tenha sentido e possa ser compreendida pelo ouvinte. O movimento articulatório dos fonemas que se subdividem em consoantes e vogais pode sofrer variações de um indivíduo para outro. Uma das causas mais freqüentes da articulação travada é a tensão no momento da fala, seja em público, seja diante do microfone de uma rádio. Observe ainda a respiração, as divisões de frases e a pontuação do texto. *Exercício:* Para melhorar sua articulação, leia textos variados, procurando articular as palavras de forma lenta e melodiosa. Aproveite ao máximo os movimentos bilabiais, ou seja, quando o lábio superior toca o inferior, pronunciando com bastante clareza os sons dos "S" (*esses*) e dos "R" (*erres*) das palavras.

Articulação imprecisa: A clareza depende do desenho articulatório. A presença desse tipo de problema se deve a fatores socioculturais e à influência de regionalismos. Sotaques regionais muito acentuados estão presentes em pessoas nativas das regiões Norte e Nordeste do Brasil. Quando o comunicador apresenta uma articulação imprecisa, o ouvinte pode até não perceber o erro, mas percebe a falta de clareza na fonação, sobretudo nas palavras consonantais que foram omitidas, substituídas ou distorcidas. *Exercício:* Durante exercícios de leitura em voz alta, pronuncie as palavras, procurando articulá-las com a maior precisão possível.

Erros de pronúncia: A pronúncia incorreta tira a compreensão e o sentido da frase. A locução torna-se, então, truncada e sem seqüência, fazendo que a idéia do texto falado não seja entendida. Quando você pronuncia mal uma palavra, o sentido da frase pode perder-se na linha do entendimento. *Exercício:* Procure observar o resultado final da sua fala diante do microfone, pois só assim você poderá perceber as palavras ou consoantes malpronunciadas.

Falta de interpretação: Como o rádio é destituído de imagem, temos de usar os recursos da nossa voz para atrair e envolver o ouvinte. A interpretação está diretamente ligada à dinâmica e à velocidade quando se fala ou se lê determinado texto. É muito importante que a velocidade varie também. O colorido de uma notícia, de uma nota sobre cultura ou cinema está na interpretação que se dá durante a leitura. A interpretação substitui a imagem que o rádio não tem. *Exercício:* Os ouvintes de rádio esperam por um companheiro falando com eles. A interpretação vem com o tempo e com a experiência. Ela é a junção da segurança e da boa construção de idéias e palavras. Uma boa maneira de desenvolver a interpretação está no constante exercício da leitura em voz alta, variando a intensidade de voz e o ritmo da locução. Quando você varia a dinâmica e a intensidade, sua leitura fica com mais colorido. Da mesma forma que um pianista interpreta a música de uma partitura com velocidade e dinâmica próprias, o locutor também deve interpretar o texto da mesma forma. Grave o que você lê para se auto-avaliar posteriormente. A imagem que o rádio não possui é substituída pelo som, assim, o ouvinte dobra sua atenção quando o locutor começa a falar. Para uma boa interpretação, cabem o carisma e a identificação com o ouvinte.

Erros de leitura: Uma leitura cheia de erros desvaloriza o profissional. O resultado no ar vai ser entrecortado e indefinido. Os aspectos da interpretação devem ser observados rigorosamente na pontuação e nas figuras de linguagem. O texto deve ser lido anteriormente para que dúvidas de pronúncia sejam levantadas. Cabe ao locutor atentar para a simetria na leitura do texto, observando a pontuação e as divisões de frases, a fim de não se tornar exagerado em momentos que requeiram uma inflexão discreta, sutil ou irônica. *Exercício:* Para que você possa melhorar, procure exercitar em voz alta a leitura de textos de jornais com assuntos variados. Observe ainda a nitidez de suas palavras durante a leitura. Recomenda-se a leitura freqüente de textos variados, procurando dar a eles o colorido e a interpretação cabível do momento. Procure dominar as seguintes técnicas de leitura:

- prepare previamente o texto a ser lido, lendo-o pelo menos três vezes;
- sublinhe palavras desconhecidas ou nomes estranhos a fim de pronunciá-los corretamente na hora da leitura;
- valorize a leitura, usando a interpretação e as inflexões naturais da voz.

Tessitura de voz incorreta: Ninguém fala no mesmo tom o tempo inteiro. Quando o locutor foge dos registros naturais, sua inflexão de voz fica alterada, pois a está modulando em registros que não são seus. As pregas vocais ficam fora dos registros normais, fazendo que a voz tornese gutural (voz produzida e projetada na garganta). É importante adquirir o hábito de falar no tom correto e evitar notas extremas da tessitura. Quando locutores impostam o grave, por exemplo, tentando deixar a voz mais cheia ou aveludada, acabam caindo no caricato e perdem o sentido interpretativo. *Exercício:* Procure observar o tom durante a locução. A melhor maneira de utilizar os recursos da voz é projetá-la naturalmente. Procure trabalhar a inflexão diafragmática, isto é, a projeção do ar inflexionado com os músculos localizados na região inferior do ventre. A voz ganha um grave natural e aveludado sem se tornar distorcida.

Locução linear: Ocorre quando não há variação no ritmo e na modulação da voz durante a locução. Ao usar um só tom durante a leitura, a interpretação torna-se lacônica. Na locução linear, devem-se levar em consideração diversos fatores que estão interagindo, como tensão emocional e nervosismo diante do microfone. *Exercício:* Procure imprimir mais colorido à sua interpretação, colocando a voz mais livre e solta. Procure dar mais naturalidade à sua leitura, desprendendo-se do texto. A espontaneidade vem com o tempo e com a vivência do trabalho.

Locução formal: As formalidades e a comunicação coloquial podem distanciar o comunicador do ouvinte. Existem momentos em que as formalidades cumprem seu papel, como em solenidades e cerimoniais. No rádio, se utilizada em excesso, dificulta a compreensão do ouvinte, visto que em sua grande maioria trata-se de pessoas simples. *Exercício:* No rádio, quanto mais naturalidade, melhor, pois suas idéias fluem espontaneamente.

Locução entrecortada: Durante a leitura ou falas de improviso, a locução fica dividida e secionada, como se houvesse barras dividindo o texto. O resultado final é uma interpretação cadenciada, decodificada e fracionada, de difícil compreensão. *Exercício:* A locução entrecortada vem de uma leitura mal preparada, de tomadas de ar em momentos errados, do nervosismo ou de idéias mal concatenadas. Procure concentrar-se durante a fala, estabelecendo uma relação direta com a concentração e o raciocínio, a fim de não divagar em suas idéias e de não se perder na interpretação. Para evitar frases gaguejadas e a interpretação decodificada, procure ler várias vezes as laudas, para se certificar de realizar uma boa leitura.

Locução lenta: A fim de evitar erros de leitura, o locutor tende a diminuir a velocidade da sua fala. Dessa forma, a locução toma um ritmo lento e lacônico, sem interpretação. *Exercício:* Sempre comparo o treinamento básico de locução à velha aventura de aprender a andar de bicicleta. No início vem a necessidade de conseguir se equilibrar em duas rodas, depois a coordenação entre pedais e freios, e daí saber dirigir a bicicleta para onde se quer ir. Quando nossa mente se habitua com tudo isso, processando cada momento, com a intervenção certa de cada movimento do corpo, podemos dizer que sabemos andar de bicicleta. O mesmo ocorre com a prática da locução. Devemos superar as limitações, tensões e inibições com o treino. É preciso desenvolver mais velocidade no raciocínio e no processamento das idéias. Treine regularmente a leitura de textos de jornais e revistas, valorizando a dinâmica nas frases.

Locução insegura: Ao falar ao microfone, o comunicador deve certificar-se de que a idéia esteja formada na sua mente e os textos, bem mentalizados. A insegurança resulta de idéias mal-estruturadas e de conceitos não elaborados previamente. O despreparo tira a credibilidade da mensagem. Antes de apresentar o texto, leia-o pelo menos três vezes, sublinhando palavras de difícil pronúncia, nomes desconhecidos ou estrangeiros. *Exercícios:* Antes de falar ao microfone, tenha em mente o começo, o meio e o fim do assunto a ser abordado. A melhor maneira de sentir-se seguro no ar é ter planejado tudo que vai fazer e falar. Procure fazer anotações e não confiar muito em improvisos. Também nunca se esqueça de que a locução segura vem do treinamento constante, do conhecimento e preparo dos assuntos a serem abordados.

Locução sem colorido: O rádio deve transmitir energia, motivação e descontração ao ouvinte. O colorido na locução vem justamente da riqueza nas variações de tessitura da voz, entre os tons grave, médio e agudo. A inflexão de sorriso e a vibração do comunicador também devem estar presentes no momento da fala. *Exercício:* Prepare o texto certificando-se dos momentos interpretativos, a fim de não parecer alegre em notícias tristes e vice-versa. A locução sem colorido demonstra insegurança quanto ao texto lido. Prepare o texto lendo-o pelo menos três vezes antes de levá-lo ao ar.

Locução sem clareza: Vem do desconhecimento do locutor a respeito dos assuntos abordados, ou ainda da falta de leitura e preparo antes de falar ao microfone. A falta de clareza ocorre em momentos de tensão emocional. *Exercício:* Procure relaxar mais, certificando-se bem do que vai falar. Concatene suas idéias antecipadamente, não no momento da fala.

Locução agressiva: Usada de forma moderada e no momento certo, dará um tom "apimentado" aos assuntos que merecem indignação e ironia. No entanto, se usada sem equilíbrio, pode provocar antipatia, rejeição e polêmica. *Exercício:* Reflexões devem anteceder qualquer ponderação ou desenvolvimento de assunto. Se você estiver tenso, procure refletir bem sobre o que vai falar, respire fundo, concentre-se e discorra sobre o assunto sempre de maneira equilibrada.

Locução estridente: É quando a voz ocorre na parte superior do aparelho fonoarticulatório, na máscara da face, na região da glote. Isso ocorre pelo excesso de ar durante a fonação, o que exerce pressão demais sobre o aparelho fonoarticulatório. Procure controlar suas tomadas de ar e, conseqüentemente, sua inflexão de voz nos registros médios e graves. *Exercício:* Como esse erro tem relação direta com a tensão emocional e se localiza na região cervical ou da nuca, faça exercícios de movimentos giratórios e lentos com a cabeça. Procure relaxar: quanto mais natural, mais distensa será a sua comunicação.

Locução sem projeção e ressonância: A falta de ressonância tem relação direta com a projeção de voz na máscara da face. A projeção correta ocorre quando existe uma perfeita harmonia tecnovocal. A comunicação sem ressonância torna a locução intrínseca, ou seja, introspectiva. O locutor fala de forma insegura e titubeante, dando a impressão ao ouvinte de que não acredita naquilo que está falando. Para desenvolver a projeção sonora, que ocorre nas cavidades ressonadoras, execute o seguinte *exercício*:

* feche os olhos e coloque-se de pé, sem tensão;
* seus lábios e dentes devem permanecer unidos, com a língua posicionada entre o soalho e o céu da boca, preenchendo totalmente essa cavidade. Emita a letra "M", fazendo que esse som vibre livremente. Repita o exercício várias vezes.

Locução com vícios: Ocorre com locutores que iniciaram seu aprendizado sem nenhum treinamento ou realização de cursos de capacitação. Aprende-se apenas o trivial, muitas vezes de forma equivocada. O tempo passa e o profissional carrega consigo erros e dúvidas, que conseqüentemente viram vícios. Se o radialista quiser trabalhar em emissoras maiores, de grandes centros, vai ter de se conscientizar da necessidade de superar esses erros. Os vícios vão desde o uso de expressões repetitivas de apoio, como "né", "então", "pois é", "então tá", até as impostações forçadas de voz, passando pelos argumentos mal-elaborados de improviso e pela falta de profissionalismo no desempenho da função. O mau desempenho no ar também tem relação direta com a sua organização e metodologia de trabalho dentro do estúdio. Na superação desses defeitos, é importante ter humildade para reconhecer o que há de errado e vontade de superar os vícios, combatendo-os com profissionalismo.

É importante também buscar algum treinamento ou curso de qualificação profissional na função. Além de aprender muito em menos tempo, sua auto-estima, motivação e segurança tendem a fazer que você cresça na profissão.

Locução presa ao papel: Seria impossível gravar na memória cada lauda a ser lida em cada radiojornal. Contudo, é possível memorizar o sentido e o conteúdo das notícias. Ao fazer uma leitura prévia, devemos pontuar em que trechos do texto caberá uma inflexão mais moderada ou mais marcante. A locução presa ao papel tira a naturalidade, a espontaneidade e a sinceridade, o que provoca uma leitura mecanizada. *Exercício:*

- leia três vezes a lauda;
- verifique o assunto abordado na matéria do texto, observando o formato da sua interpretação no momento da leitura;
- sublinhe nomes de difícil pronúncia;
- tire eventuais dúvidas de pronúncia com seu redator.

Locução decodificada: É quando não há linguagem de rádio e um texto é apenas lido, sem inflexões, exclamações ou entonações. A locução decodificada demonstra falta de segurança, convicção e certeza, divide os assuntos com longas pausas, seguidas de titubeios e frases mal-articuladas entre si. *Exercícios:* Prepare o texto lendo-o várias vezes; use corretamente a tessitura da voz entre tons médios, graves e agudos, além de projetá-la mais na hora de falar.

Locução insegura: Vem do emocional, revela-se por meio do comportamento inseguro e despreparado. A insegurança demonstra falta de identificação e conhecimento dos temas mencionados. O comunicador deve organizar suas abordagens e certificar-se do preparo dos assuntos e dos improvisos antes de falar. O acanhamento tem relação direta còm a falta de preparo prévio no improviso do assunto. *Exercícios:* Leia bastante, procure criar o gosto pela leitura, isso ampliará seus conhecimentos. Para driblar a insegurança, além do preparo, um relaxamento inicial é recomendado, bem como uma planificação organizada do que se vai falar.

Locução gutural: A voz é produzida com forte tensão na região do pescoço, glote e face. O relaxamento dos músculos na região da face é fundamental para que a voz produzida saia naturalmente. Faça que a inflexão seja diafragmática, ou seja, incida o impulso sonoro pressionando o ar a partir do baixo-ventre (cintura), direcionando a pressão do ar expirado para a região logo acima do estômago. *Exercícios:* A localização da projeção sonora se define apenas nos tons de alta e média freqüências, e na parte superior do aparelho fonoarticulatório. Para treinar a inflexão diafragmática, projete o ar de baixo para cima, em tons médio e grave, a fim de poder definir mais seu registro de voz. Procure também não inspirar excessivamente, tomando apenas o ar suficiente para uma fonação tranqüila.

Locução sibilada: Durante a fala, a língua fica entre os dentes, fazendo que o ar seja comprimido entre eles. A pronúncia fica imprecisa, a locução, sibilada, sem nenhuma definição vocabular no ar. Os "esses" são confundidos com "efes", os "efes" com "vês", e assim sucessivamente. A sibilação pode ter origem biológica, por conta da malformação da arcada dentária ou apenas por causa de vícios da fala. *Exercícios:*

- Zi...Si Bi...Pi...Zi...Si Bi...Pi...Zi...Si Bi...Pi...Zi...Si Bi...Pi... Zi...Si Bi...
- F...V...F...V...F...V...F...V...F...V...F...V...F...V...F...V...F...V...F...V...F...V...F...
- Ji...Chi...Ji...Chi...Ji...Chi...Ji...Chi...Ji...Chi...Di...Ti...Di...Ti...Di... Ti...Di...Ti...
- S...Z...S...Z...S...Z...S...Z...S...Z...S...Z...S...Z...S...Z...S...Z...S...Z...S...Z...S...
- Vi...Fi Gui...Qui Vi...Fi Gui...Qui Vi...Fi Gui...Qui Vi...Fi Gui...Qui
- X...G...X...G...X...G X...G...X...G...X...G X...G...X...G...X...G X...G...X...G...X...

Pratique ainda:

- Fer – Fer – Fer... Ver – Ver – Ver Fer – Fer – Fer... Ver – Ver – Ver Fer – Fer
- Ser – Ser – Ser... Cher – Cher – Cher Ser – Ser – Ser... Cher – Cher – Cher
- Guir – Guir – Guir... Quir – Quir – Quir... Guir – Guir – Guir... Quir – Quir – Quir
- Agir – Agir – Agir... Chiar – Chiar – Chiar Agir – Agir – Agir... Chiar – Chiar – Chiar

Locução sem pontuação: Pontos e vírgulas, quando omitidos, alteram o sentido da frase. A pontuação tem por função dividir os assuntos conforme as regras gramaticais e fazer que o locutor respire durante a fonação. Uma frase mal pontuada prejudica a leitura e pode deixá-la desconexa. Na leitura, devem-se memorizar o sentido da frase e a pontuação. Esse cuidado facilita a interpretação e a compreensão, por parte do ouvinte, no tocante ao conteúdo do assunto abordado. *Exercício:* Respeite os sinais gráficos não mudando a pontuação.

Locução sem ritmo: O rádio não possui imagem, portanto, o ritmo é um item importante no conjunto. Ele é determinado por elementos da programação, como trilhas, *bgs*, efeitos sonoros, vinhetas e músicas. Na locução, deve-se manter ainda a velocidade da fala e adequá-la às diferentes situações, variando-a conforme as trilhas de fundo e dinâmicas musicais. *Exercícios (falar de forma cantada)*:

- BOI BEM BRAVO, BATE BAIXO, BOTA, BABA, BOI BERRANDO, DANÇA DOIDO, DA DE DURO, DA DE DENTRO, DA DIREITA, VAI, VEM, VOLTA, VEM NA VAC VAI NÃO VOLTA, VAI VARANDO.
- ZULU – ZICO – ZALO E ZECA – ZABUMBARAM A ZABUMBA E SOOU UM ZUNIDO SANGRADO.
- ZALA – ZICO – ZÉLIA E ZECA – ZABUMBARAM AS ZABUMBAS QUE E SOARAM NUM ZUNIDO SANGRADO.
- BALADOS DE UMA OUTRA TERRA, ALIADAS, ÀS SAUDADES DAS FADAS, AMADAS POR GNOMOS IDOS, RETIREM LÍVIDAS AINDA AOS OUVIDOS, DOS LUARES DAS ALTAS NOITES ALADAS PELOS CANAIS BARCAS ERRADAS SEGREDAM-SE RUMOS DESCRIDOS.

Locução com tomadas erradas na respiração: O aparelho respiratório tem relação direta com a voz. Quando não utilizado corretamente, compromete o bom desempenho da locução. Primeiro, deve-se atentar para os pontos do texto em que se farão as tomadas de ar. Segundo, deve-se concentrar a atenção na variação interpretativa do assunto abordado na lauda. Terceiro, observa-se a divisão da frase quanto à sua pontuação. *Exercício:* Para facilitar a visualização dos pontos de parada, o texto deve ser dividido com pequenas barras entre os pontos e as vírgulas. Criando esse costume, o comunicador estará se condicionando a respirar nos pontos certos, evitando entrecortes durante a leitura. *Exercícios para o desenvolvimento:* Procure falar o máximo de palavras sem tomadas de ar:

- GALHUDOS – GAIOLAS – ESTRÊLOS – ESPÁCIOS – CUBETOS – COBUNOS – COMPADOS – CALDEIROS – CAMBIAIAS – CHAMURROS – CHURRIADOS – CORONDOS – CORNETOS – BOICALVOS – BORRALHOS – CHUMBADOS – CHITADOS – VARREIROS – SILVEIROS.

Técnicas:

- ler sem pressa, não ler até que acabe o ar expirado, não inspirar por períodos curtos;
- não ler decodificando a mensagem;
- observe atentamente o início das frases;
- não exagere a inspiração a ponto de não poder dosar a quantidade necessária para a fonação tranqüila;
- abasteça-se de ar suficiente para enfrentar qualquer enunciação, por mais longa que seja;
- coordene perfeitamente o movimento respiratório com o enunciado da frase, sem permitir que o pensamento ou a articulação das palavras se desorganizem nessa importantíssima coordenação;
- inicie a frase ainda com reserva de ar nos pulmões.

Locução acelerada: A clareza e a compreensão do que é falado podem perder seu entendimento quando o ouvinte não assimila o conteúdo falado pelo excesso de velocidade. Porém, deve-se cuidar para que a frase não fique arrastada, dando um ar monótono à locução. Muitas vezes, a tendência do locutor a falar depressa vem da influência do sotaque regional, principalmente de algumas localidades do Nordeste do nosso país. Nesse caso, cuide para não comprometer a compreensão do que está sendo dito, por exemplo, não omitindo durante a fala sílabas importantes, como "S" (*esse*) e "R" (*erre*). *Exercícios:*

- procure perceber se as pessoas entendem de primeira quando você fala ou se pedem para você repetir;
- procure fazer exercícios de leitura em voz alta, de forma pausada.

Locução fora da modulação natural da voz: Durante a locução, procure respeitar os tons naturais da sua voz, observando se ela está dentro dos registros naturais.

Capítulo 12

Técnicas de locução e produção

A locução de notícias

A leitura de notícias representa a base da comunicação, tanto no rádio como na televisão. O locutor ou apresentador que domina as técnicas de locução de notícias, sabendo utilizar as variações modulares de voz, quebras de ritmo e mudanças interpretativas, domina um dos recursos mais importantes da comunicação radiofônica. O radialista deve observar o sentido da notícia antes de interpretá-la. Daí a necessidade de ler previamente o texto. Procure ouvir com atenção programas de notícia transmitidos pelo rádio e pela televisão, observando os seguintes detalhes:

- Como é a mudança da inflexão de voz do apresentador, de uma notícia para outra?
- Como fica a colocação da voz nos finais de frase?
- Qual a variação na modulação da voz do locutor e quais as técnicas utilizadas para despertar a curiosidade do ouvinte para determinado fato, dentro da notícia (números, cifras, índices, porcentagens, cotações etc.)?
- Como age o locutor diante de um erro ou engano quando estiver falando?
- Observe os improvisos utilizados para se sair bem nos momentos em que é necessário ter jogo de cintura.
- Assimile bem a pronúncia correta de nomes estrangeiros. Ouça prestando atenção aos detalhes e técnicas utilizadas durante a execução dos textos.

Foto 23. Rádio CBN –
Central Brasileira de Notícias.
Formato Rádio News, 2003.

A COMPILAÇÃO DE MATÉRIAS

A compilação de matéria jornalística no rádio é a transformação da linguagem de texto escrito em linguagem de texto falado. Ao deparar com um texto escrito, observe se sua estrutura foi desenvolvida para a mídia eletrônica (rádio e TV). Se for um texto redigido para a mídia impressa, poderá conter parágrafos longos e explicativos que, se fossem levados ao ar, seriam de difícil leitura para o radialista e de compreensão dispersiva para o ouvinte. Já um texto redigido para o rádio é enxuto, pronto para ser lido e interpretado, com acentuação, divisões e marcações da linguagem radiofônica. Não é sempre que se dispõe de um redator, portanto, relaciono a seguir algumas técnicas de compilação a fim de que se possam observar as regras na hora de transformar o texto da linguagem impressa em linguagem eletrônica. A compilação enxuga o texto carregado, deixando-o objetivo e compacto:

- *Concordância gramatical:* Note se você não tirou nomes ou sujeitos de uma oração de forma a alterar sua compreensão.
- *Conteúdo:* Ao resumir o texto, leia-o atentamente para verificar se a ordem de começo, meio e fim do assunto foi mantida.
- *Nitidez:* Se o objetivo é atingir incisivamente o ouvinte, e se sabemos que sua concentração é superficial, devemos apresentar um texto inconfundível, que não dê margem para duas interpretações diferentes.

- *Simplicidade:* Procure redigir o texto sem muitas complicações e sem retórica. Não abuse das figuras de linguagem e de imagens subliminares. Quem escreve para o rádio deve ser simples, mas não simplório. Deve usar uma linguagem de fácil compreensão, pois o nível socioeconômico dos ouvintes de rádio é bastante variado.

DESENVOLVENDO O TEXTO DE RÁDIO

Por ser um veículo de comunicação rápida, as notícias devem:

- ser breves, sem muitos detalhes;
- ter parágrafos curtos e objetivos;
- focalizar a informação mais importante.

Descreva a informação, preferencialmente, com as características e ordem seguintes:

- primeiro: O QUE, QUEM;
- segundo: ONDE e QUANDO;
- terceiro: COMO e POR QUÊ;
- o tempo do verbo, sempre que possível, no presente;
- as frases devem ser no singular;
- o cargo de uma pessoa sempre antecede o nome em um texto. Exemplo: "O ex-presidente do Brasil, FERNANDO HENRIQUE CARDOSO...";
- usar letra maiúscula para indicar nomes próprios de pessoas;
- quanto às siglas, sempre é bom desdobrá-las, escrever por extenso, exceto as bem conhecidas, como PSDB, Anatel, Embratel etc.;
- os valores de dinheiro devem estar por extenso;
- marcar citações ou frases entre aspas. Exemplo: "A frase atribuída a César, 'a sorte está lançada', tem sido citada...";
- escrever a pronúncia correta de palavras e nomes estrangeiros no alto da lauda;
- sempre revisar o texto.

As técnicas para um bom improviso

O rádio é o senhor do improviso. É destituído de imagem. E por isso o locutor deve "segurar" todas as situações. Ao ouvinte, muitas vezes, passam despercebidas verdadeiras maratonas realizadas pelos comunicadores para que o programa não perca sua continuidade. Cabe ao comunicador desenvolver recursos de improviso. Um locutor de FM deve ter sempre à mão uma música ou vinheta preparada para o momento em que necessitar. O de AM deve ter sempre em mente ou à mão material de apoio que contenha informações para um eventual momento de improviso. Isso é fundamental na linguagem do rádio. Na apresentação da notícia e no comentário do fato, a boa construção do improviso vem do conhecimento de cada comunicador. É importante observar que o improviso provém de um trabalho constante, no qual a leitura e o gosto pela informação são determinantes para a formação do conteúdo falado. A verdadeira improvisação é espontânea, surge com a ocorrência de lapsos técnicos, jornalísticos ou na própria programação. É quando o profissional se vê na contingência de falar para que a transmissão não perca seu curso e prossiga normalmente. É a oportunidade de exercitar o raciocínio e falar a coisa certa em momentos críticos. Ao improvisar, observe:

- Ao usar de improviso para safar-se de situações inesperadas, use o bom humor; procure mostrar-se descontraído diante da situação; fuja das formalidades.
- Procure se imaginar no ar em diversas situações de improviso e o que faria para se livrar delas.
- Procure memorizar alternativas de improviso a fim de que elas venham à sua mente no momento exato.
- Em participações em público, nunca se apresente "desarmado"; leve sempre um pequeno roteiro do que falará ou apresentará.
- Nunca chame a atenção para o bom improviso; deixe que o ouvinte ou o espectador concluam por si só.
- Procure conhecer bem o assunto abordado.

Foto 24. O improviso vem do momento, da rapidez do raciocínio. Wellington Muniz (Ceará), na Rádio Jovem Pan-SP, 2003.

- Construa uma linha sucessória de fatos na sua mente antes de abordar o assunto.
- Defina o começo, o meio e o fim da idéia a ser exposta.
- Procure ser mais abrangente do que específico no assunto abordado.
- Evite gírias ao falar; o termo usado desvalorizará sua idéia. Exemplo: "tipo assim", "cê tá me entendendo?", "valeu galera", "na...na...na...na", "ti...ti...ti...ti" etc.
- Vale lembrar que, dependendo da emissora ou do público ouvinte, normalmente em programação jovem, cabem o bom-senso e a aplicação de termos comuns ao segmento.
- E, finalmente, procure concatenar toda a sua participação com a dos outros, ou seja, se houver outros conteúdos além do seu, faça que a sua idéia esteja integrada ao bloco do assunto abordado.

O que não fazer quando se improvisa

- Abordar temas, emitir opiniões ou externar pareceres sobre determinado assunto que não se conhece em profundidade.
- Recorrer a textos escritos como apoio e prender-se a eles durante um improviso.
- Divagar sobre o assunto, externar elucubrações pessoais dispersas, fugir da idéia central do tema falado.

Desenvolvendo a concatenação de idéias

Todo argumento deve ser acompanhado de uma boa idéia. Toda idéia, quando colocada ao microfone, precisa ter começo, meio e fim. O locutor deve falar coisas com sentido e compreensão. Raramente as pessoas ligam o rádio para não ouvi-lo. Existem, sim, pessoas que fazem do rádio um companheiro dentro dos seus afazeres. *Quase sempre, quando o locutor fala, o ouvinte dobra sua atenção em relação ao que está sendo dito, a uma música que toca, daí a necessidade de saber tudo que será falado antes mesmo de abrir o microfone.* Nossa mente é maravilhosa, pois nosso raciocínio vai à frente do que falamos ou escrevemos. Temos condições de saber o que vamos falar antes mesmo de construirmos uma frase. Somente o treino, o uso constante e a rotina de trabalho poderão fazer que essa técnica seja aprimorada.

Desenvolvendo a grade de programação

Podemos definir a grade de programação como a distribuição de programas em forma de conteúdos dentro das 24 horas de programação de uma emissora de rádio. Essa sincronia deve definir o estilo de programação conforme o interesse e a expectativa do público ouvinte.

A grade de programação radiofônica também deve obedecer a uma ordem temporal, na qual os assuntos, temas e conteúdos tenham convergência entre si. É importante que a programação musical também esteja segmentada conforme o gosto do público ouvinte. Quanto mais popular, maior será o seu compromisso regional, cultural e comunitário. Nas rádios AM, o conteúdo falado é maior e o contato com o comunicador é mais direto. As notícias ou falas dos programas jornalísticos devem ocupar o tempo de maneira objetiva e direta, para que a informação não se transforme em um conteúdo difícil de ser assimilado. Já nas rádios FM, a comunicação é mais focalizada na música, por dar ênfase maior à programação. As emissoras de FM seguem um padrão de uniformidade: seja por meio de *slogans*, frases de efeito, seja por conta das músicas ou da plástica, o ouvinte certamente identificará a rádio por meio desses detalhes. Ao organizar uma grade com horários regulares, é importante manter uma variedade na programação, distribuindo os programas de acordo com os horários disponíveis e o interesse dos ouvintes. Quanto mais regularidade tiver a programação, maior será a audiência consolidada. A seguir, alguns itens que devem fazer parte de uma grade de programação:

- *Noticiários locais e regionais com comentários próprios:* Lembre-se de que pela manhã as pessoas ouvem rádio para saber as notícias e a hora certa.
- *Informativos de utilidade pública:* Devem estar distribuídos durante toda a programação.
- *Musicais com artistas da região:* É uma boa sugestão para os fins de semana à noite.
- *Musicais diversos e discografias:* É um bom programa para as tardes de sábado.
- *Roteiros culturais – programação cultural:* Esse tipo de programa é recomendado para as sextas e sábados a partir das 18 horas, no momento em que o ouvinte se prepara para o fim de semana.

Linguagem da programação

Seja uma programação de cunho esportivo, jornalístico, informativo, seja de entretenimento, é importante que a linguagem seja preservada e adaptada ao seu público. No rádio falamos para inúmeras classes sociais, e a maior concentração de audiência se dá entre a população de baixa renda. Isso não quer dizer que o vocabulário utilizado pelo comunicador deva ser simplório ou descomprometido com as regras gramaticais, pelo contrário. Atualmente, mesmo pessoas com pouca cultura têm acesso à informação e sabem diferenciar o certo do errado, o controvertido do descomplicado. A faixa etária também deve ser considerada para o planejamento da linguagem da programação.

Quando a emissora é segmentada com base em um determinado público, o gosto musical fica mais fácil de ser definido, diferentemente de emissoras que possuem uma programação mais eclética. Nesse caso, a segmentação vale-se do horário dos programas, não do estilo das músicas executadas.

Montagem e apresentação de programas

Quando falamos de programação em rádio, a primeira pergunta que se faz é: Para que público vamos falar, qual a linguagem que vamos usar e em que tipo de emissora será veiculada: AM ou FM? Sabe-se que o rádio é a mídia das massas, pois falamos para inúmeros segmentos da população ao mesmo tempo.

Por menor que seja a emissora, localizada lá no interior do sertão da Paraíba, ela estará transmitindo para um número de pessoas muito maior do que o das que lêem o jornal da cidade. Na linguagem radiofônica, o termo *segmentação* vem de concentrar algo numa mesma direção. Consiste em realizar e produzir de forma constante uma série de conteúdos distintos que tenham convergência entre si. No gênero musical, a linguagem do comunicador, sua verbalização e argumentações devem ser regulares e uniformes em relação ao direcionamento da programação e ao público-alvo, de forma a não entrarem em conflito entre si. Uma rádio que estabeleça um gênero musical dentro do sertanejo, por exemplo, deverá ter uma plástica compatível com o estilo. Suas vinhetas, trilhas, *bgs* e até mesmo o estilo de locução dos comunicadores deverão acompanhar o estilo popular da proposta. Da mesma forma que uma emissora segmentada no *pop, rock* ou *dance* deverá alinhar seu estilo a toda a estética sonora do gênero.

Existem emissoras de rádio que não se segmentam nunca, não se firmam no mercado com um estilo próprio, estão sempre mudando de programação e, por conseguinte, de público e de segmento. Isso não é bom para a emissora, pois ela não cria uma identidade com o ouvinte e perde sua personalidade na programação. Conseqüentemente, sua audiência não se firma nem se estabelece. É muito importante definir a direção a ser tomada. As pesquisas mostram que o maior índice de perda de audiência não está nas mudanças de programação, mas na mudança de segmentação. Uma emissora pode mudar sua programação e manter-se dentro do mesmo segmento. É o caso da Rádio Jovem Pan FM-SP, que mudou sua programação *pop* jovem para o estilo *pop dance*. Ela manteve a proposta de fazer rádio para o público jovem, mudando apenas o estilo musical. Já não foi a mesma estratégia adotada pela Rádio X (Sistema Globo de Rádio-SP), que tinha uma programação voltada para o segmento popular e optou pelo estilo radiojornal, transmitindo notícias 24 horas por dia, optando por veicular a programação da Rádio CBN (Central Brasileira de Notícias). Mudou a programação e a segmentação, alterando com isso seu universo de ouvintes, de adeptos da música e do entretenimento para pessoas que gostam de informação e notícias. Qualquer mudança deve ser acompanhada de muito planejamento, pois haverá um período de profundas alterações na audiência, nos anunciantes, nos patrocinadores e nos parceiros comerciais.

Roteiros para entrevistas

Um bom roteiro de entrevista deve conter objetivos com informações prévias do entrevistado. O repórter ou o locutor entrevistador deve conduzir o diálogo de maneira clara e objetiva, observando os detalhes a seguir:

- Note como foram feitas as perguntas. Obedeceram a uma seqüência ou perderam-se umas nas outras?
- Observe como se portou o entrevistado. Ele se sente motivado a dar a entrevista?
- Cuide para que não haja dispersão do assunto, o entrevistador perguntando uma coisa e o entrevistado respondendo outra.
- Se o entrevistado se alongar em sua resposta ou sair do tema, procure trazê-lo de volta para o assunto em questão ou entre com outra pergunta na primeira oportunidade que o entrevistado der.
- Procure evitar longas pausas ou momentos de silêncio durante a entrevista. Esteja atento para entrar com a pergunta seguinte, quando o entrevistado estiver terminando a resposta anterior.
- Faça perguntas objetivas, diretas, com clareza e sem agressividade.

ABERTURAS DE HORÁRIO

De maneira geral, as emissoras sempre seguem o mesmo padrão nas viradas ou aberturas de horário e na troca de locutores. A abordagem dos assuntos é bastante semelhante de uma para outra, variando de acordo com o estilo e a segmentação da emissora. Normalmente, fala-se o prefixo, apresentam-se notícias, notas culturais, lançamentos do cinema, previsão do tempo, divulgam-se promoções e eventos. Procure ouvir o rádio observando esses momentos.

Capítulo 13

Produção, montagem e gravação de pilotos para rádio

> *O objetivo de um piloto é mostrar o potencial de voz do locutor e o conteúdo do seu programa. No piloto, as músicas não são executadas inteiras, apenas alguns trechos. Já os textos e argumentos verbalizados pelo locutor deverão ser apresentados na íntegra. Um piloto não deve ultrapassar três minutos de duração.*

Para você chegar a uma emissora de rádio, em busca de uma oportunidade de trabalho, é preciso ter conhecimento de alguns detalhes importantes.

Primeiro: A mão-de-obra no rádio é especializada, por isso é mais difícil aprender trabalhando. Conheço vários profissionais que começaram com a voz e a coragem, principalmente na FM, e pude sentir neles o descontentamento por isso, pois erraram muito antes de acertar, embora hoje sejam brilhantes comunicadores. O que quero dizer com isso é que um bom locutor se forma com treinamento e dedicação. Antes de começar a falar para as pessoas em um veículo como o rádio, é necessário ter alguns conhecimentos, como os de comandos de operação da mesa de rádio (FM). É importante conhecer alguns princípios básicos da locução, como concatenação de idéias, condução correta de argumentos falados e abordagem explícita da palavra (ser objetivo, sem rodeios). Todo início parece difícil, pois as informações soam desconhecidas.

Segundo: Procure reunir o maior número de conhecimentos possível. Visite emissoras de rádio, converse com radialistas, mas cuide para que essas visitas não se tornem desgastantes "maletices", ou seja, ocupe seu tempo ouvindo mais e falando menos. Muitas vezes, o sonho de chegar à rádio, por parte de alguns, vira um pesadelo para outros. Seja discreto, não pergunte quanto se ganha nesta ou naquela rádio. Seja objetivo, levando na mente as dúvidas que você gostaria de esclarecer. E, finalmente, seja cortês, elogiando o que você acha que deva ser elogiado, sem "forçar a barra". Dessa forma você fará muitas amizades, o que é importante para quem está buscando uma oportunidade.

Terceiro: Treine em casa utilizando um equipamento de som. Procure gravar sua voz; faça uso das técnicas já assimiladas. Faça desse treinamento uma constante, pois será por meio da sua força de vontade que adquirirá a segurança necessária para chegar à rádio.

Quarto: Procure no local em que você reside algum curso de formação ou de treinamento para radialistas e faça-o. Verifique antes, porém, como é ministrado, observando sua estrutura técnica, o conteúdo do programa e planos de aula, em conjunto com a filosofia dos professores. É de suma importância que um curso lhe ofereça uma estrutura *profissional* e não apenas vaidosa do rádio.

Quinto: Grave um *piloto* e o envie ao coordenador artístico da emissora almejada. Tenha em mente que um piloto encaminhado para uma rádio não significa que sua chance já esteja assegurada. Envie cópias para outras emissoras também. Sinto dizer que, quando na função de coordenador artístico, o que mais tínhamos nas gavetas de nosso departamento eram pilotos de centenas de locutores. No entanto, as contratações eram feitas em cima dos que mais demonstravam interesse, determinação e preparo para ir ao ar. Muitos dos que deixavam seus pilotos jamais faziam um novo contato, por acharem que nunca seriam chamados. Lembre-se do seguinte: "As coisas só são impossíveis para aqueles que não se preparam e difíceis para aqueles que não tentam. Na maioria das vezes, as oportunidades não escolhem os preparados, mas preparam os escolhidos".

Ao montar um piloto, atente para os seguintes detalhes

- Qual o objetivo do piloto. A que tipo de rádio ele se destina.
- Evite enviar um piloto caseiro, montado de forma improvisada. Isso

desprestigiará seu trabalho. Faça um esforço para gravá-lo em um estúdio que possa ajudá-lo nos detalhes a seguir.
> Qual o tipo de música tocada? Sua opção musical deverá coincidir com o segmento das rádios para as quais você estiver enviando suas fitas.
> Como deverá ser o estilo de apresentação? Semelhante ao das emissoras nas quais almeja trabalhar.
> Evite falar sobre detalhes pessoais e particularidades a seu respeito no conteúdo do trabalho. Limite-se ao seu telefone de contato, *e-mail* ou celular antes de começar o piloto.
> Qual a duração do piloto? Três minutos, no máximo.
> Quais os conteúdos que podem fazer parte do programa? Notícias, dicas, atualidades, músicas (executadas por alguns segundos).
> Qual deverá ser a plástica, ou seja, como serão os efeitos e vinhetas dentro do programa? Use poucos efeitos para não descaracterizar seu estilo. Caso queira utilizar trilhas variadas para diferenciar os quadros que emolduram os conteúdos, cuide para que não apareçam mais do que sua voz. Não utilize efeitos ou *plug-ins* que tirem a naturalidade da voz.

• Caso você já trabalhe no meio, poderá enviar um compacto com seus trabalhos editados para a análise de outra emissora. Procure usar de discrição nos seus contatos, para não demonstrar que já não está mais interessado em fazer parte da equipe atual da emissora. Seja profissional e use de transparência com seu coordenador, caso consiga outra oportunidade. Ou seja: nunca deixe a emissora da qual sairá na mão. Não se esqueça de que todos se conhecem no mercado de radiodifusão, por isso é importante deixar as portas sempre abertas.

• Faça cópias do original do seu piloto em CD, de preferência. Remeta-o endereçado ao coordenador artístico da emissora. Se houver possibilidade de entregá-lo pessoalmente, melhor. Procure não "forçar a barra", mas demonstre interesse e responsabilidade diante de uma oportunidade.

• Procure dar uma boa apresentação estética ao material. Identifique o CD, relacionando, tanto no corpo, como na capa externa: nome, telefone residencial.

- Faça uso da *internet*. Atualmente é possível enviar seu material no formato MP3 também. Estabeleça contato periódico por *e-mail* com o coordenador. No entanto, não envie arquivos ou anexos para a rádio que não sejam pertinentes aos seus objetivos.

Gravação de testes em emissoras de rádio

Existem emissoras de rádio que, além de selecionarem os locutores pelos pilotos, também gravam testes. Nessa ocasião, o locutor é avaliado nos seguintes itens:

- *Qualidade de voz:* Verifica-se a adequação da voz com o gênero da emissora. Durante o primeiro contato nas conversas preliminares, seja o mais natural possível com a sua voz. Evite forçar o grave, tentando impostar um registro que não é o natural. Isso pode tornar sua voz caricata. A voz impostada e os alongamentos no final das palavras podem desqualificá-lo.
- *Dicção:* Observa-se como são verbalizadas as palavras, verificando se não existem traços incorretos na fonação durante a fala. A omissão de letras no final das palavras, principalmente nas terminadas com as consoantes "S", "R" e "L", prejudica a compreensão do que é falado.
- *Articulação:* Analisa-se como se dá o movimento articulatório dos fonemas que se subdividem em consoantes e vogais. Serão observadas também a respiração e as divisões de frases, bem como a pontuação do texto.
- *Pronúncia:* Observa-se como são faladas as palavras. O locutor é avaliado durante a locução de textos variados, principalmente com palavras estrangeiras. Na leitura rápida e no diálogo espontâneo, verifica-se também se há presença de regionalismos ou sotaques. A pronúncia incorreta pode alterar completamente o sentido do texto.
- *Desenvoltura e variação interpretativa:* A interpretação substitui a imagem que o rádio não tem. Ao fazer uso da modulação de voz, o locutor passa ao ouvinte o colorido necessário para que sua atenção e imaginação sejam condensadas naquele momento. O uso correto da interpretação tornará o conteúdo mais emotivo e convincente.

- *Ritmo e velocidade:* O ritmo está diretamente ligado à forma dinâmica e à velocidade da fala. Ao ler ou falar, é muito importante que a velocidade não seja a mesma o tempo todo. A locução fica linear quando não se variam o ritmo e a modulação. Ao usar um só tom durante a leitura, a locução permanecerá em um só registro de voz, o que dificulta a interpretação do conteúdo. As variações acentuam a interpretação e dão movimento à locução. Nesse momento, observa-se se o ritmo da locução satisfaz as necessidades de comunicação da emissora.
- *Leitura:* É na leitura dos textos que se verifica a forma de expressão do locutor. Se a leitura fica a desejar, a apresentação será entrecortada, titubeante e indefinida. O locutor deve-se preocupar com a simetria interpretativa do texto a fim de não se tornar exagerado em momentos que requeiram uma inflexão discreta, sutil ou irônica.
- *Conhecimentos técnicos:* Verifica-se o que o locutor conhece a respeito de operação de mesa, manuseio dos equipamentos periféricos do estúdio, conhecimentos sobre *softwares* operacionais de rádio e navegação na *internet* (geralmente, na FM).

Capítulo 14

~

Produção radiofônica: linguagem de rádio

Alguns termos de produção são bastante freqüentes no universo de trabalho do radialista. A seguir, respostas para algumas perguntas sempre comuns entre as pessoas que iniciam sua convivência profissional dentro do rádio.

Foto 25. Estúdio de produção de rádio – sistema digital.

O que é uma lauda?

Dá-se o nome de lauda à folha de papel utilizada para montar o roteiro do programa.

Uma lauda pode conter textos de notícias, roteiros culturais, informações sobre o tempo, temperatura, estradas e trânsito. No corpo da lauda devem constar informações sobre o assunto, a data e o horário em que a notícia será veiculada no ar. Para controle interno da emissora, deverão estar relacionados ainda os nomes do redator e do apresentador. Os padrões estéticos de uma lauda variam conforme a emissora, mas alguns princípios básicos são mostrados na figura a seguir:

Lauda: Notícia	Assunto: Variedades	Data:	Horário: 8h15
Redator: César Abreu	Apresentação: Fernando César		

MANCHETE:

Tecnologia invade a aula e muda a maneira como alunos estudam

NOTÍCIA:

De dentro do auditório da Faculdade de Medicina da USP, os alunos assistem, por videoconferência, ao depoimento de um paciente atendido no ambulatório do Hospital das Clínicas. Em outra tela, um médico especializado explica o diagnóstico.

Uma outra tela transmite, diretamente da sala de cirurgia do hospital, uma demonstração cirúrgica relacionada com a mesma enfermidade. Enquanto isso, as anotações feitas pelo professor em um micro portátil, com tela sensível ao toque, são exibidas nos computadores dos alunos, que ainda consultam tutores via *chat*.

Esse é um exemplo de como a tecnologia tem sido inserida no ensino de algumas universidades, que exploram recursos como a videoconferência, a voz sobre IP e o uso de *notebooks* e de micros de mão para incrementar o aprendizado de seus alunos.

O QUE É UM ROTEIRO?

É o planejamento detalhado de todos os momentos do programa. No roteiro devem estar previstas, no formato passo a passo, as intercessões de músicas, textos, efeitos sonoros e falas dos comunicadores. O corpo do roteiro deve prever o espaço para que sejam relacionadas informações pertinentes a ele, como o número da lauda, o assunto relativo ao conteúdo, espaço para informar o nome do redator e do locutor, bem como espaço para a data e o horário em que será levado ao ar. A finalidade principal de um roteiro é orientar os passos de desenvolvimento de um programa no que se refere à técnica em sincronia com a locução.

O QUE É O *LAYOUT*?

É o formato estético estabelecido de forma temporal. No *layout* prevemos a ordem cronológica das coisas.

O QUE É UM RELÓGIO DE PROGRAMAÇÃO?

É a representação gráfica por meio da qual podemos visualizar a ordem cronológica do *layout*. No relógio de programação, podemos perceber a sincronia dos elementos do programa entre si.

O QUE É *PLAYLIST* MUSICAL?

É o acervo de músicas selecionadas pela direção artística da emissora para serem executadas dentro da programação.

Roteiro

Lauda: 1	Assunto: Programa "Night show"	Data:	Horário:
Redator: César Abreu	Apresentação: Fernando César		

TÉCNICA	LOCUTOR
Soltar abertura	Olá! Boa-noite, Brasil! Começando agora pela Programação Rádio Show mais uma edição do "Night show". Nosso programa toca músicas inesquecíveis, que marcaram época no rádio.
Soltar trilha	Participe do "Night show" nos contando qual a música que você considera a trilha sonora da sua vida e concorra a muitos *kits* de prêmios durante o programa de hoje. Participe pelo telefone (11) 6163-1370, pelo *chat* em nosso *site*: www.radioshow.com.br ou por *e-mail*: radioshow@radioficina.com.br. Espero por você, combinado?
Vinheta (Passagem)	
Soltar trilha	A nossa primeira música de hoje atende ao pedido da ouvinte Cecília Reis, da cidade de Avaré, interior de São Paulo. Ela pede a música *Always on my mind*, com Elvis Presley. Ela nos conta que essa música a faz lembrar de uma pessoa que conheceu há muitos anos na cidade de Lins. O tempo passou, mas a lembrança dos bons momentos que viveram juntos permaneceu. Então vai lá, Cecília, para matar saudades, Elvis Presley.
Execução da música (Música 1)	

Layout

Lauda: 1ª hora	Assunto: Programa "Night show"
Horário: das 20 h às 22 h	
	Layout de apresentação

TÉCNICA	LOCUTOR
Soltar abertura	(1 min)
Soltar trilha	(Execução da trilha)
Locutor – 1 min	(Texto de abertura sobre trilha de fundo) (1 min)
Vinheta (Passagem)	(5 s)
Locutor	(Texto falado – Sobre introdução da música 1)
Execução da música (Música 1)	(Execução da música 1)
Vinheta (Passagem)	(5 s)
Execução da música (Música 2)	(Execução da música 2)
Vinheta (Passagem)	(5 s)
Soltar trilha	(Texto falado – Sobre trilha de fundo)
Comerciais	(Veiculação comercial)

Relógio de programação

Formato radiofônico: Cada 60 min – Programa "Night show"	
Horário: das 20 h às 24 h, de domingo a sexta-feira	
Produtor: César Abreu *Apresentador:* Fernando César	

Formato – Programa "Night show"

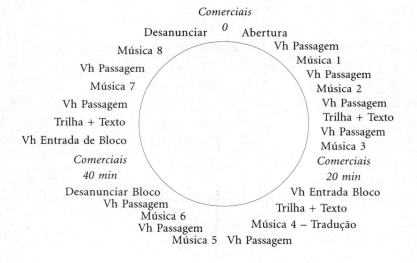

Playlist *musical*

Formato radiofônico: Programa "Night show"

Horário: das 20 h às 24 h, de domingo a sexta-feira

Produtor: César Abreu   *Apresentador:* Fernando César

Artista	Música		Ano	Duração	Referência	Arquivo
Abba	Dancing queen	Flash Back	1976	3:44	Média	MP3
Annie Lennox	Walking on broken glass	Flash Back	1982	4:36	Média	CD 34/11
Blitz	Você não soube me amar	Flash Back	1985	3:22	Rápida	CD 23/1
John Miles	Song for you	Flash Back	1980	2:22	Rápida	CD 66/8
Jota Quest	O vento	Med Back	2003	3:37	Lenta	MP3
Legião Urbana	Pais e filhos	Flash Back	1989	3:40	Lenta	CD 119/5
Lobão	Vida louca vida	Flash Back	1985	3:30	Rápida	CD 134/7
Noa	Eye in the sky	Med Back	2002	4:18	Média	MP3
Roupa Nova	Meu universo é você	Flash Back	1984	4:23	Média	MP3
Ritchie	Menina veneno	Flash Back	1983	4:41	Média	CD 121/8
Rita Lee	Amor e sexo	Med Back	2003	3:38	Lenta	MP3
Sheryl Crow	Begin the beguine	Med Back	2004	4:29	Lenta	MP3

Capítulo 15
≈

Interpretação radiofônica: linguagem de rádio

A origem histórica da oratória

A origem da arte de falar bem teve seu início na Antigüidade. Os gregos desenvolviam seu aprendizado praticando leituras em público, fazendo comentários sobre poetas, treinando improvisações e promovendo debates. Os mais importantes foram Górgias e seu discípulo Isócrates (436-338 a.C.). Apesar de seu grande conhecimento e ensino, Isócrates nunca proferiu um só discurso, apenas estudou sua técnica e escreveu a respeito, isso porque sua voz era deficiente para a oratória. Aristóteles também se dedicou aos estudos e ao ensino da oratória sem proferir discursos. Outro grego que não possuía o dom da palavra foi Demóstenes. Comenta-se que tinha deficiência de fala e, à custa de muita dedicação, esforço e treinamento, superou suas dificuldades e se transformou no maior orador da Grécia. Assim foram os gregos a estudar a arte de falar – a retórica. Roma também teve seus oradores; quem mais se destacou foi Cícero (106-43 a.C.), considerado o maior orador romano. Fazendo um paralelo com a nossa realidade atual, podemos levantar as seguintes questões: Não teriam sido estes os precursores dos comunicadores modernos? E por que não teria sido Demóstenes o primeiro comunicador a anteceder a era moderna, desenvolvendo técnicas de locução? Não teriam sido a retórica e a oratória as primeiras disciplinas estudadas na arte de falar bem que influenciaram os estudos sobre a voz? Os oradores daquela época não seriam o protótipo dos locutores? Obviamente, não havia recursos tecnológicos para registrar as vozes desses ilustres comunicadores profissionais, mas podemos imaginar que provavelmente a qualidade de suas vozes tinha padrões estabeleci-

Foto 26. A linguagem do rádio é intimista e sempre colocada na primeira pessoa: locutor (eu) e ouvinte (você).

dos por um grupo de pessoas, as quais lotavam conchas acústicas em Atenas e em Roma para ouvir discursos em público.

Este capítulo mostra as técnicas de interpretação de diferentes conteúdos durante a locução. A seguir, fundamentos importantes para o trabalho diante do microfone, no que tange aos diferentes aspectos interpretativos da voz.

Interpretação Radiofônica

O radialista do setor de locução deve desenvolver uma postura extrovertida, com facilidade em verbalizar e em processar de maneira ágil suas idéias (improviso). É importante aprimorar a sensibilidade e a intuição para o mínimo estímulo verbal, bem como para poder desenvolver minutos seguidos de improviso, buscando na interpretação a beleza natural da voz, sem impostações. Deve desenvolver ainda a capacidade de mudanças rápidas no que se refere ao comportamento de voz e fala.

Linguagem de Rádio

O rádio possui uma característica toda própria para converter, na mente do ouvinte, idéias, palavras e ações em imagens auditivas. Mediante o emprego de técnicas podemos criar uma tela na mente da pessoa, levando-a a imaginar o sentido daquilo que queremos criar. Seja nas radionovelas, *spots* publicitários, *jingles*, documentários, notícias, vinhetas,

Foto 27. Flávio Siqueira na Rádio Transamérica-SP, 2001.

seja em peças institucionais, encontramos no rádio uma ferramenta econômica, rápida e precisa. O rádio se utilizou muito dessas técnicas na chamada fase de ouro da sua história, entre 1935 e 1950. As radionovelas tinham na sua forma original a estrita finalidade do entendimento por meio da imaginação. As imagens criadas na mente do ouvinte vinham de elementos radiofônicos do áudio. Por intermédio da música, da interpretação da voz do radioator e da ambiência criada pelos efeitos sonoros, as histórias se desenrolavam na mente do ouvinte. A linguagem radiofônica possui características próprias, que colocam o rádio dentro de uma série de vantagens em relação a outras mídias. O conteúdo a seguir foi desenvolvido com base em estudos do competente Eduardo Meditsch, professor da UFSC e doutor em Jornalismo.

- *O uso de uma única linguagem,* a sonora, e o fato de o rádio trabalhar, no caso do ouvinte, com um único sentido, a audição. Cabe ressaltar que uma das grandes vantagens do veículo, decisiva na atribuição do seu potencial de meio de comunicação de massa mais popular e de maior abrangência, é justamente essa. Isso o torna o único meio de comunicação de massa que dispensa totalmente a necessidade de o público saber ler para que a troca de mensagens com ele realmente se complete.
- *A mobilidade:* Uma característica que o rádio possui tanto do ponto de vista do emissor como do receptor. Pelo lado do emissor, a rádio

pode estar presente, com grande facilidade, no local dos acontecimentos, tendo também condições de transmitir as informações com enorme rapidez. É menos complexo tecnicamente, e, pelo lado do receptor, a mobilidade é uma das principais características porque, por conta de seu tamanho reduzido, há grande facilidade em transmitir para todos os pontos, inclusive os mais remotos. Tem alcance nacional, mundial, levando sua mensagem a qualquer parte do mundo. E, ao mesmo tempo, tem a possibilidade de ser regional, já que funciona sem grande complexidade tecnológica, permitindo a fácil instalação de emissoras locais.

- *O rádio também conta com a vantagem do baixo custo:* Um aparelho receptor de rádio pode custar bem pouco em comparação, por exemplo, com uma televisão ou com a assinatura de um jornal diário. Sua aquisição, portanto, está ao alcance de uma parcela maior da população.
- *A característica da sensorialidade confere ao rádio uma especificidade vantajosa na comunicação:* O rádio consegue, principalmente por meio da empatia, envolver o ouvinte com muita facilidade. Também faz que ele crie uma espécie de "diálogo mental" com o emissor. O rádio desperta a imaginação com a emoção das palavras e dos recursos da sonoplastia.

Os elementos e recursos da linguagem do rádio

A linguagem do rádio tem suas bases em quatro elementos: a palavra, a música, os efeitos sonoros e o silêncio. Esses elementos podem ser utilizados em qualquer comunicação radiofônica, independentemente do seu tempo de duração, formato, tipo de texto ou conteúdo. A escolha de quais e quantos desses elementos integrarão a comunicação radiofônica – e também o momento em que devem aparecer – depende, exclusivamente, do resultado que se pretende obter. Para fazer rádio de qualidade, tanto informativo como de entretenimento e de prestação de serviço, é preciso passar ao ouvinte uma mensagem clara. Ele deve entender, captar. Então, a escolha dos elementos se dá justamente com base neste objetivo: fazer-se entender pelo ouvinte.

Palavra: A voz é elemento primordial na comunicação radiofônica. Rica nas variações, nuanças e tons, fornece ao texto falado sentido e entendimento. A redação do roteiro é feita dentro das normas aplicadas a qualquer espécie de redação radiofônica. O essencial é que se utilize a linguagem clara, objetiva e coloquial do rádio para a construção dos diálogos ou qualquer tipo de fala.

Música: Proporciona dinâmica e ritmo ao texto. Variações na velocidade complementam o emolduramento necessário ao conteúdo. Quanto aos temas musicais, sejam de personagens, trilhas sonoras, sejam de conteúdos distintos, deve-se levar em conta a estética do que representam.

Efeitos sonoros: Criam a ambiência e dão contornos ao entendimento do diálogo. O elemento cena no áudio necessita de complementos externos do ambiente para que o ouvinte crie a imagem na mente. Os cenários – que no rádio não são vistos, mas sentidos/ouvidos – são transmitidos aos ouvintes também por meio das falas (narrações ou explicações do personagem), mas principalmente pelos efeitos sonoros e pelas músicas.

Silêncio: Integra a linguagem radiofônica sob o aspecto conclusivo dos sentidos. O silêncio pode falar por si só. Dentro do diálogo, ele sugere ao ouvinte a criação da "imagem auditiva", para que possa compreender a mensagem.

FIGURAS INTERPRETATIVAS DA VOZ

Tessitura: É a área de alcance de uma determinada voz. É a modulação natural entre as nuanças dos tons graves, médios e agudos da voz humana.

Modulação: É o uso ordenado de recursos e variações da tessitura da voz. A modulação é responsável pelo movimento harmônico durante a interpretação do conteúdo falado. Ela é determinante na quebra da linearidade no momento da fala.

Projeção sonora: Tem relação com a pressão sonora produzida pelo ar na estrutura do aparelho fonoarticulatório. A projeção sonora possui seus fundamentos estéticos diretamente ligados ao padrão do ritmo da fala.

Variação de ritmo: O ritmo é elemento fundamental no momento da fonação. Sem ele, nossas emoções não ganham sentido, nossa linguagem se torna lacônica, e a interpretação fica sem brilho. A variação de ritmo possibilitará que a voz exprima entusiasmo, vivacidade, consternação e contrariedade, quando for o caso.

Inflexão de sorriso: É a figura mais representativa do carisma na locução. O sorriso contagia transmitindo leveza, simpatia e reciprocidade. O sorriso na voz é bem mais presente na linguagem dos comunicadores populares.

Variação interpretativa de conteúdos: É a composição de todas as figuras de interpretação presentes durante a fonação. A ligação simultânea entre a modulação, a projeção sonora, a variação do ritmo e a inflexão de sorriso durante a locução subdivide os temas e assuntos de forma emoldurada.

Essas técnicas, quando combinadas, formam a base da interpretação radiofônica.

TONALIDADES DA VOZ

O tom é definido pelo momento da fala e pelo conteúdo interpretado. Definem-se por tom a intensidade, a modulação e a pressão sonora com a qual o locutor projeta sua voz. O tom varia conforme o tipo de locução a ser desempenhado pela voz.

Locução suave: A voz recebe a inflexão concentrada nas notas graves da tessitura vocal. A pressão sonora é contida, pouco projetada, e o trabalho de impostação deve ser totalmente diafragmático. Isto é, a pressão sonora deve ser concentrada a partir do diafragma, músculo que interage com o aparelho fonoarticulatório durante a fonação.

Locução jovem: A voz comporta-se modulada dentro dos registros médio-agudos, com projeção sonora forte e com velocidade e ritmo acelerados. Conforme a segmentação da emissora, cabe ou não a inflexão de sorriso.

Locução coloquial: A interpretação é tudo no formato coloquial. Nesse tipo de locução, devem estar presentes as figuras do sorriso, a quebra de ritmo e a variação modular da voz, em sincronia. O jogo simultâneo dessas técnicas dará naturalidade ao diálogo falado ou ao monólogo interpretado.

Locução voice over: O locutor, nessa modalidade de trabalho, coloca sua voz em documentários e matérias jornalísticas, nos quais o ritmo e a interpretação acompanham o tema em questão.

Locução caricata: O locutor precisa de versatilidade e de facilidade para imitar com perfeição a fala de políticos, humoristas, artistas ou até mesmo dos próprios colegas. É importante observar que a constante locução caricata de um determinado personagem pode migrar para o tom natural da voz de quem a produz. Isso quer dizer o seguinte: se determinado locutor imita o apresentador Silvio Santos, por exemplo, com o passar do tempo, a exposição constante da voz aos tons da voz caricata pode trazer sombras tonais à voz do locutor.

Capítulo 16

Como funciona o rádio

O rádio parece ser acionado por magia, pois nossos olhos não enxergam seu funcionamento. Basta ligá-lo e logo se ouvem vozes ou música, e ao apertar o botão do *dial* pode-se sintonizar um novo canal com uma programação diferente. Os programas de rádio são transmitidos de um estúdio, numa estação emissora. Antigamente, o som da programação era originária de discos e fitas magnéticas, armazenados em rolos ou em cartuchos. As discotecas e fitotecas foram aposentadas e a programação passou a se originar de arquivos de áudio compactados em *softwares* de computador, ou ainda em CDs e MDs. Embora a tecnologia tenha evoluído muito rapidamente, a voz humana ainda é fundamental para dar forma e emoção aos registros sonoros. Na FM, geralmente é o locutor quem controla o microfone, a música e os sons gravados; já na AM, toda a parte operacional é realizada por um operador de som (sonoplasta). Partidas de futebol e reportagens externas mais complexas são sempre acompanhadas por um operador. As chamadas comerciais e alguns programas são produzidos num estúdio de gravação, onde são sonorizados com efeitos musicais e trilhas sonoras. A programação radiofônica é transmitida por meio de antenas situadas no topo de torres. A cada estação é atribuída uma determinada freqüência.

Propagação das ondas hertzianas

O funcionamento do rádio é baseado nas ondas *hertzianas*, que são radiações eletromagnéticas da mesma natureza dos raios de luz. Essas ondas foram descobertas e estudadas, sucessivamente, por dois grandes

Foto 28. Central de operações – Rádio Bandeirantes de São Paulo, 1995.

físicos, Maxwell e Hertz, ao passo que sua utilização para as primeiras transmissões se deve a Guglielmo Marconi. A transmissão do som pelo rádio acontece ao transformar os próprios sons em ondas eletromagnéticas. Estas se propagam pela atmosfera, atingindo grandes distâncias, mesmo através de obstáculos como paredes, cidades, casas e montanhas.

Transformação do som em ondas

Os programas transmitidos são produzidos e executados nas estações transmissoras, em locais chamados *estúdios*. Nos estúdios estão instalados os microfones, bem como os equipamentos periféricos: reprodutores de CDs, MDs e microcomputadores, com sistemas operacionais que reproduzem arquivos de áudio compactados. O microfone é um aparelho que transforma os sons em variações de corrente elétrica, chamada corrente sonora. Esta corrente elétrica sonora é amplificada por uma potente válvula situada no transmissor da emissora de rádio. A corrente assim ampliada é transmitida à antena da estação, que a transforma em um outro tipo de corrente, chamada oscilante, que será transmitida para a atmosfera sob a forma de ondas eletromagnéticas. A antena da estação de rádio, posicionada em um local alto, funciona como uma grande lâmpada, que emite seus raios luminosos para todas as direções. As ondas eletromagnéticas, propagadas dessa forma pelo espaço, podem ser captadas pelas antenas dos aparelhos receptores de rádio. As ondas recebidas pelo rádio são novamente transformadas pelo aparelho em ondas sonoras, por meio de um conjunto de circuitos ligados a um transistor. Esses circuitos têm uma função importante que é transformar a corrente eletromagnética em corrente elétrica e, posteriormente, em ondas sonoras através da bobina do alto-falante. Nos aparelhos de rádio mais antigos, essa transformação era feita pelo conjunto de válvulas e condensadores posicionados em um chassi.

Função da válvula

A descoberta das válvulas foi tão essencial para a radiofonia como a das ondas hertzianas. Seus nomes são *díodo, tríodo* e *pêntodo*. Cada uma delas desenvolve tarefas diferentes. O botão da sintonia está ligado a um *condensador variável*, instrumento que serve para alterar o comprimento da onda que se recebe e, com isso, mudar de estação, porque cada estação transmite num comprimento de onda diferente. Finalmente, os controles de volume e de tonalidade, os filtros de onda para eliminar os distúrbios e os transformadores são outras partes necessárias para que um aparelho de rádio possa funcionar. O descobrimento do transistor forneceu mobilidade aos aparelhos de rádio, que já não precisavam estar ligados à tomada para funcionar. Podiam ser levados de um lado para outro, alimentados por pequenas pilhas ou baterias.

Operação – princípios básicos

Antes de falarmos em operação, é importante entendermos o que acontece quando se executam os comandos em uma mesa de rádio. Quando você fala ao microfone, as ondas sonoras são transformadas em sinais elétricos, da mesma forma que os sons veiculados pelos equipamentos periféricos ligados à mesa (reprodutores de CDs, MDs e MP3). Esses sinais são conduzidos, através de fios, da mesa para um console, no qual inúmeros equipamentos periféricos têm a função de processar melhor os sinais. Ou seja, o sinal terá suas freqüências intensificadas ou atenuadas para ganhar melhor qualidade. No geral, as emissoras de rádio instalam nesse console os seguintes equipamentos interligados entre si:

- *Modulador de estéreo:* Mostra como está sendo gerado o sinal estéreo para o transmissor, acusando o desbalanceamento nos canais esquerdo ou direito, se assim houver.
- *Amplificador equalizador:* Possibilita a amplificação, o isolamento e o amortecimento de altas e baixas freqüências.
- *Compressor/expansor/limitador:* É um processador de áudio. O equipamento recebe o sinal que vem da mesa e modula-o automaticamente, comprimindo o sinal de áudio que chegar alto e expandindo o que vier baixo. Dessa forma, o sinal fica limitado à freqüência ideal para ser transmitido.
- *Híbrida* ou *amplificador de linhas:* Serve para colocar ligações telefônicas no ar. O equipamento retira a energia elétrica que vem da ligação telefônica e a transforma em sinal de áudio. A híbrida possibilita colocar dois ou mais ouvintes falando ao mesmo tempo com o locutor no ar.

O SOM DO ESTÚDIO ATÉ O RÁDIO

> No rádio, a velocidade do som é enorme entre o instante em que se fala e o momento em que se ouve.

Vamos realizar a viagem do som do estúdio da emissora até o receptor de rádio.

Primeiro: O locutor abre a chave do microfone e dá "Bom-dia!".

Segundo: Quando as ondas sonoras da voz atingem o microfone, fazem vibrar um diafragma achatado em forma de disco dentro dele. O diafragma vibra na mesma velocidade da freqüência das ondas sonoras. Uma pequena bobina também é ligada ao diafragma. Assim, quando ele vibra, vibra também a bobina. Colado a ela existe um magneto que, todas as vezes que a bobina se movimenta, produz uma corrente elétrica. Esse processo transforma a onda sonora em corrente elétrica.

Terceiro: Como virou corrente elétrica, a onda passa a ser chamada sinal sonoro. Este varia de acordo com a freqüência e a intensidade dos sons, modificando-se conforme se fala ao microfone. O "Bom-dia!" con-

Foto 29. Torre da Globo – Sistema de transmissão de rádio e televisão, Edifício da Fundação Cásper Líbero, Av. Paulista-SP, 1995.

tinua sua viagem, passando por um fio conectado à bobina que segue do microfone para a mesa de áudio no estúdio.

Quarto: Para dar mais colorido ao "Bom-dia!", uma vinheta com o nome da rádio é simultaneamente disparada. A mesa de som mixa-os e os conduz até o *rack* de processamento.

Quinto: Os sinais processados ali ganham mais qualidade e seguem através de um cabo para o interior do transmissor da rádio.

Sexto: No interior do transmissor, existe uma válvula de grande potência que transforma o áudio em sinais radiofônicos (ondas hertzianas), que são amplificados de forma surpreendente.

Sétimo: O "Bom-dia!" passa de sinal elétrico sonoro para onda radiofônica eletromagnética por causa da ação da válvula, e é conduzido por um outro cabo para a antena, que a manda, literalmente, para o espaço, obedecendo à freqüência de propagação da emissora.

Oitavo: A partir desse momento, o sinal se propaga pela atmosfera como onda eletromagnética. O fenômeno ocorre por conta da presença da molécula do éter na atmosfera e no vácuo do espaço, o que possibilita à energia hertziana se propagar de um ponto a outro.

Nono: Todos os rádios têm uma antena receptora, que capta uma enorme quantidade de sinais de rádio. Quando o ouvinte sintoniza numa determinada estação, o sinal recebido é amplificado dentro do rádio. O sinal sonoro é separado do sinal de rádio, que foi a onda de transporte. Esse sinal é então amplificado e o alto-falante do receptor converte a eletricidade em sons, de modo que o ouvinte receba a mensagem falada, como se o locutor dentro do estúdio estivesse ao seu lado.

Décimo: A partir desse momento, os aparelhos receptores de rádio que estiverem sintonizados nessa freqüência captam o "Bom-dia!" transmitido pela emissora. Imagine só, tudo isso não demorou nem um milésimo de segundo, pois o "Bom-dia!" viajou na velocidade da luz, ou seja, a trezentos mil quilômetros por segundo.

Capítulo 17

Como funciona o estúdio de rádio

O estúdio é um local onde se concentram todos os meios necessários para que uma mensagem possa ser criada, produzida e gerada, a fim de ser transmitida ao ouvinte. Num estúdio de FM, o locutor verbaliza suas idéias, emite opiniões, exprime pensamentos, informações e notícias. Simultaneamente, comanda a operação de sistemas periféricos ligados à mesa. O estúdio de AM já é diferente, pois toda a técnica, os equipamentos e a mesa de controle, é separada do locutor. O comunicador permanece em outra sala, dividida por uma parede à prova de som, que é separada ao meio por um vidro. O estúdio necessita de um isolamento acústico para que os ruídos externos não vazem para dentro e sejam captados pelo microfone. Algumas emissoras, no entanto, principalmente no segmento de rádio *news* (radiojornal, por exemplo a Rádio CBN-SP), possuem a técnica ao lado do apresentador (âncora). O trabalho entre sonoplasta, redator, produtor e apresentador tem melhor desempenho e maior interatividade quando realizado no mesmo local. É importante observar também o funcionamento constante dos sistemas de refrigeração (ar-condicionado), para que não haja aquecimento demasiado dentro do estúdio, provocando mais desgaste e falha nos equipamentos. A seguir, alguns requisitos básicos para o radialista familiarizar-se com um estúdio de rádio:

- Se a emissora ainda estiver utilizando equipamentos periféricos digitais, observe a posição dos reprodutores de CDs, MDs e o posicionamento desses equipamentos nos canais da mesa. Procure memorizar a ordem dos equipamentos em relação aos potenciômetros do console de áudio e a forma como estão dispostos.

Foto 30. Com toda a tecnologia disponível atualmente no rádio, é importante ressaltar que o homem continua sendo o elo mais importante no processo da comunicação. O sentimento humano, na emoção e na palavra, e a maneira sutil de ver o mundo jamais serão substituídos por qualquer outra forma de tecnologia. Estúdio da Rádio Jovem Pan SAT-FM-SP, 2002.

- Procure conhecer em detalhes o manuseio do sistema operacional da emissora. Cada sistema é acompanhado de um detalhado manual de treinamento. Tire suas dúvidas antes de ir para o ar.
- Certifique-se do bom funcionamento dos equipamentos do estúdio. Veja o que funciona bem ou mal ou se existe algum periférico desativado momentaneamente.
- Se o console de áudio que você opera possui botão de disparo automático dos equipamentos, observe se o botão que aciona está de acordo com a seqüência da programação a ser executada.
- Procure conhecer bem as vinhetas e os efeitos sonoros disponíveis no *instant replay* periférico ou virtual, a fim de utilizá-los de maneira competente entre as músicas, blocos e *breaks* comerciais. É importante lembrar que algumas rádios programam previamente sua execução dentro da programação, eliminando assim a necessidade de uso dos equipamentos já mencionados.
- Atualmente, as emissoras de rádio adotaram o monitor de plasma como o mais funcional dentro dos estúdios, isso por causa da boa resolução, racionalização de espaço e funcionalidade.
- Mantenha o estúdio sempre arrumado, com tudo no lugar. Caso necessite organizá-lo, utilize o tempo entre as músicas. Nunca deixe a leitura das pautas para a última hora, pois assim a probabilidade de erros de leitura e de perda da linha de raciocínio na hora de abrir o microfone será menor.

- Fique sempre atento ao *chat* da rádio, não deixando os internautas abandonados e sem diálogo. Se você tiver autonomia para registrar a presença deles ao microfone, será uma boa forma de motivá-los a permanecer com você e a incentivar a entrada de outros também.
- Se dentro do estúdio houver uma *webcam* jogando sua imagem na rede, cuide da aparência. Com as novas tecnologias do rádio na *internet*, foi-se o tempo em que o locutor era apenas ouvido.

Mesa de transmissão

A mesa é responsável por determinar o volume dos elementos que são inseridos na programação, e pela mixagem de todos os registros. Na mesa se concentra a maior parte dos trabalhos durante a transmissão de um programa radiofônico.

Foto 31. Console de áudio, broadcasting e *console deslizante* - Rádio Transamérica FM-SP, 2002.

Equipamentos de entrada (*INPUT*)

São responsáveis pela leitura das mídias que contêm os registros sonoros ou arquivos a serem veiculados no ar. Os equipamentos de entrada (*input*) mais utilizados são:

- microfones;
- CD *player*;

- MD *recorder/player*;
- microcomputadores com sistemas operacionais.

Equipamentos de saída (*output*)

São responsáveis pelo retorno do som processado para o console de áudio (mesa), bem como por seu processamento e envio aos equipamentos de transmissão da emissora. Os periféricos de saída (*output*) mais comuns são:

- fones de ouvido;
- monitores (caixas acústicas);
- processadores (compressores, expansores etc.);
- transmissores de freqüência ou amplitude modulada.

Conhecendo a mesa de transmissão

Podemos encontrar uma grande variedade de mesas de áudio disponíveis no mercado. Os consoles de áudio se integram ao estúdio independentemente da marca, modelo ou origem de fabricação. Isso porque os fabricantes obedecem a normas técnicas e a convenções de fabricação internacionais. O que pode diferir uma mesa da outra é a forma de leitura dos registros de áudio: digital ou analógica. Podem variar ainda no tipo dos potenciômetros dos canais, das chaves deslizantes ou dos botões arredondados.

Princípios básicos: A mesa de rádio (*broadcasting*) possui de seis a doze canais independentes. Estes podem estar acoplados a um ou mais equipamentos de entrada e ser operados individualmente. Cada canal possui uma chave seletora, com controle de volume próprio.

Seletores de canais: As chaves seletoras servem para selecionarmos o equipamento que desejamos ativar em um canal. Isso acontece porque podemos ligar até dois equipamentos de entrada em um único canal da mesa. Por convenção, os fabricantes destinam os canais 1 e 2 aos microfones do estúdio ou externos. Isso significa que podemos ter quatro microfones conectados a uma mesa de transmissão, ou, dependendo do console, até mais. Com o avanço da tecnologia, a presença de um computador é definitiva nos estúdios, e por conseqüência um número cada vez menor de equipamentos periféricos se faz presente hoje. O próprio computador se transformou em um equipamento capaz de mixar registros, colocando músicas, comerciais, vinhetas e trilhas no ar, desempenhando sozinho a função de vários outros equipamentos periféricos. Dessa forma, um único canal é capaz de realizar diversas inserções de áudio, diminuindo o número de equipamentos e, por conseguinte, a necessidade de utilização do chaveamento de canais.

Direcionamento dos canais: Acima dos potenciômetros dos canais, você encontra a chave de redirecionamento. Essa chave pode estar em uma das três seguintes posições:

A – Áudio: Direciona o som daquele canal para a saída de áudio que não está relacionada com a transmissão.

C – *Cue:* Direciona o som daquele canal para o canal de *Cue* no alto-falante da mesa, ou no fone de ouvido, conforme seleção do operador.

P – Programa: Direciona o som daquele canal para o canal do programa, que está diretamente relacionado com a transmissão.

Dessa forma, todos os canais que estão levando algum registro ao ar devem estar posicionados em P (Programa).

> *Dica:* Quando colocamos os canais de microfone em P, automaticamente o retorno do estúdio (caixas de som) é eliminado, evitando assim a realimentação do sinal, o que geraria uma microfonia.

Volume dos canais: Partindo do princípio de que nem todos os registros são gravados na mesma intensidade de volume, é necessário que cada canal tenha um controle de volume independente para que possamos colocá-los no ar em um volume padrão. Podemos igualar os volumes dos registros de canais diferentes com a utilização dos potenciômetros de cada canal.

Para que possamos estabelecer uma medida padrão que não fique com um som baixo e cheio de ruídos nem demasiadamente alto a ponto de distorcer o som, utilizaremos os VU *Meters*, ou VUs, como são mais conhecidos.

VUs: São medidores da intensidade do som acoplados à mesa de transmissão. Como trabalhamos com canais estéreo, possuímos dois VUs, um para o canal direito e outro para o esquerdo. As mesas podem possuir VUs analógicos ou digitais. No VU analógico, um ponteiro representa a intensidade do som em uma variação que vai de 0 (silêncio absoluto) a 100% (intensidade máxima). Acima dessa faixa há distorção no som. Acima de 100%, o gráfico é representado em vermelho. Nunca devemos deixar os ponteiros superar essa marca, sob pena de estarmos transmitindo um som distorcido para o ouvinte. Já nas mesas digitais, a leitura é feita por meio de *leads*.

Geral: Nessa área definimos o volume geral dos direcionamentos para "Áudio" e "Programa". Ao subirmos o volume do botão "Programa", estamos agindo como se subíssemos simultaneamente todos os potenciômetros direcionados para P (Programa). O mesmo acontece com o áudio.

Nos fones de ouvido são três os direcionamentos possíveis:

PGM: nessa posição, você obtém o retorno de todos os canais direcionados para P da mesa de transmissão;

AUD: nessa posição, você obtém o retorno de todos os canais direcionados para A da mesa de transmissão;

CUE: nessa posição, você obtém o retorno de todos os canais direcionados para C da mesa de transmissão.

PRIMEIROS CONTATOS COM A MESA – DICAS E TOQUES

É da mesa de áudio da rádio que saem todos os comandos do sonoplasta (AM) ou do locutor operador (FM). Nesse console de áudio, ficam ligados os equipamentos digitais periféricos e o microfone. Qualquer comando equivocado que se dê é instantaneamente transmitido ao ouvin-

Foto 32. Ricardo Sam na Rádio Transamérica-SP, 2002.

te. É importante conhecer bem o equipamento quando se opera e manter-se concentrado durante o trabalho. Esteja sempre atento ao volume dos elementos do áudio, como efeitos, trilhas, músicas e vinhetas, por meio dos potenciômetros. Eles controlam o volume de cada equipamento e devem ser mantidos com volume adequado, para evitar saturação do sinal, que conseqüentemente distorce a transmissão. Alguns detalhes importantes no momento da operação do console de áudio são:

- procure identificar todos os botões de comando da mesa e a que equipamentos periféricos estão conectados;
- tome conhecimento dos equipamentos periféricos digitais do estúdio e de que maneira são acionados ou manuseados;
- nunca force nada a funcionar, não insista na solução de problemas técnicos, jamais mexa na configuração do sistema. Diante do mau funcionamento de algum equipamento, não tente consertá-lo, deixe isso para o departamento técnico da emissora. Comunique imediatamente o ocorrido ao profissional responsável por meio de telefone, *e-mail* ou do *livro de ocorrências do estúdio*[1]. Se o sistema sair de operação

---

1. O livro de ocorrências serve para que o locutor e demais integrantes da equipe de produção da rádio registrem eventuais falhas nos equipamentos. A finalidade é informar a equipe de manutenção de devidos reparos. Nesse livro ficam registrados ainda todos os comunicados da coordenação aos locutores.

repentinamente, é necessário que se tenha um conjunto de equipamentos periféricos prontos para entrar em operação imediata.

Obs.: Normalmente, as emissoras de rádio colocam etiquetas com o nome dos equipamentos periféricos acoplados aos potenciômetros. É bom decorar as posições para ter agilidade na sua operação.

EQUIPAMENTOS ACOPLADOS À MESA

Na verdade, "áudio" é apenas mais uma palavra para designar som. A aparelhagem de áudio reproduz o som de modo que ele possa passar pela mesa do estúdio e ser conduzido até o rádio do ouvinte. A seguir, descrevo os equipamentos acoplados ao console de áudio:

- *reprodutor de CD (compact disc)*: reprodutor de registros sonoros contidos em disco compacto, com banda digital. Esses registros são decodificados por meio de leitura óptica. Os CDs são fabricados em polipropileno, sendo foscos de um lado e espelhados do outro. No lado espelhado ficam armazenadas as informações binárias que são traduzidas pelo leitor óptico (atualmente pouco utilizado);
- *mini disc recorder (MD)*: reprodutor de registros sonoros contidos em disquete de 2,5". Esse equipamento executa também a função de gravar sinais sonoros digitais. Seu cabeçote de leitura óptica foi desenvolvido para realizar leitura, gravação e armazenamento de sons em disco óptico. Foi considerado o mais revolucionário sistema de gravação digital, substituindo com baixo custo as antigas cartucheiras analógicas, no que se refere ao armazenamento de músicas, comerciais e trilhas sonoras (atualmente pouco utilizado);
- *digital audio tape recorder (DAT)*: reprodutor de registros sonoros contidos em fitas de áudio, com leitura digital através de cabeça leitora rotativa. Sua fidelidade sonora é superior à dos *tape deck* convencionais, por serem lidos digitalmente, ou seja, por cabeçote óptico (atualmente pouco utilizado);
- *software operacional – microcomputador*: reprodutor de formato MP3.

Os micros são responsáveis pela transmissão da maioria dos efeitos sonoros (vinhetas), bem como comerciais e músicas. Os registros de áudio ficam armazenados como arquivos de áudio compactados no formato MP3;

- *microfone:* decodificador eletrônico de ondas sonoras para impulsos elétricos. Por meio desse equipamento, a voz é transformada de onda sonora para sinais eletrônicos de áudio;
- *híbrida telefônica:* equipamento de amplificação e processamento dos sinais de telefonia. É por intermédio dele que o locutor conversa com o ouvinte no ar. O equipamento precisa estar acoplado a uma linha e a um aparelho telefônico.

Detalhes a serem observados ao operar a mesa (FM)

O locutor é responsável pela seqüência rítmica do programa. Geralmente, segue um roteiro elaborado pela produção e uma programação selecionada pelo programador. Durante a locução, ele opera simultaneamente os equipamentos. A seguir, detalhes desse procedimento:

- ao disparar o CD, MD ou microcomputador, certifique-se de que as chaves dos potenciômetros da mesa ao qual estão ligados estejam abertas;
- observe atentamente os lugares onde fica tudo; coloque os CDs e MDs nos locais a eles designados no interior do estúdio;
- siga corretamente a ordem do processo, não mude nada de lugar, não altere a programação musical ou comercial;
- evite atender ligações telefônicas muito demoradas dentro do estúdio. Isso tira a sua concentração durante o trabalho.

Evoluindo na modernidade

Saber das coisas, estar informado e acompanhar a velocidade das mudanças é modernizar-se. É impossível ignorar a tecnologia, a informática e os computadores. Hoje pensamos como é que antigamente as emissoras de rádio podiam estar no ar sem periféricos digitais, sistemas de gerenciamento e *softwares* operacionais. É interessante observar que, em cada época vivida na história da evolução tecnológica do rádio, viveu-se aquele momento como um instante de transição constante. Isso faz do rádio um meio dinâmico, sempre à frente de sua época, adaptado ao futuro, dentro dos recursos do seu tempo. O mesmo acontece com quem trabalha nele, tendo pela frente o mesmo desafio: manter-se sempre atualizado.

Capítulo 18

Características do rádio*

O rádio é um veículo de comunicação de massa que por meio de ondas eletromagnéticas atinge um público numeroso, anônimo e heterogêneo. Sua audiência é formada por um número considerável de ouvintes por ter a possibilidade de atingir uma extensa área de cobertura. O rádio só é limitado pela potência dos transmissores e pela legislação, que determina sua freqüência, amplitude e potência. Sua audiência é anônima, pois o comunicador não sabe individualmente onde está cada um de seus ouvintes. Seu público ouvinte é heterogêneo, por causa da abrangência de pessoas de diversas classes socioeconômicas, com anseios e necessidades diferentes. O rádio, como emissor, utiliza a linguagem oral. Ele "fala" a mensagem e o receptor ouve. O ouvinte não precisa ser alfabetizado.

O rádio é imaginação

Dos nossos cinco sentidos, o rádio estimula apenas um: a audição. Mas o som do rádio faz que o ouvinte exercite a imaginação, despertando sua sensibilidade. Quantas vezes já nos emocionamos com uma música, uma história ou uma notícia que escutamos no rádio?

Ele permite que cada um crie imagens únicas, pessoais. Um locutor pode emocionar seu ouvinte apenas pela maneira como interpreta um texto ou pela forma como constrói uma idéia. O sentimento de impacto

---

* Capítulo desenvolvido com informações compiladas dos livros: *Produção de rádio*, de Robert McLeish; *A informação no rádio*, de Gisela Ortriwano; e *Rádio: o veículo, a história e a técnica*, de Luiz Artur Ferrareto.

Foto 33. Rádio Philips, o preferido da década de 1930.

gerado no ouvinte será diretamente proporcional à maneira como o comunicador exterioriza sua emoção.

Os efeitos sonoros da sonoplastia também estimulam a imaginação: músicas e ruídos podem caracterizar personagens, desenhar lugares e criar ambientes imaginários. O som, associado à fala, faz que o público consiga ver o que está sendo transmitido. Cada um imagina como quiser: essa é a grande riqueza do rádio.

O RÁDIO É INSTANTÂNEO

Quando o rádio foi lançado no Brasil, seus adversários diziam que as palavras ditas no ar eram levadas pelo vento, não tinham efeito. Eles criticavam o rádio por não ter a consistência do texto impresso, como os jornais e as revistas, que podem ser lidos e relidos várias vezes. Com o tempo, o rádio mostrou que o que antes era apontado como defeito, na realidade, era uma das suas maiores qualidades: ser instantâneo. O rádio é simples de operar, por isso é um meio ágil, que consegue informar de maneira quase simultânea a ocorrência de qualquer evento. A rapidez na informação conquista o ouvinte, que pode acompanhar um fato pelo rádio no exato momento em que acontece. Por conta da sua instantaneidade, para ouvir uma informação, o ouvinte tem de estar presente, diante do rádio, na hora da transmissão. A emissão e a recepção acontecem no mesmo instante: assim, uma mensagem radiofônica é consumida no momento da sua transmissão, e para ouvi-la novamente só utilizando um gravador, algo que não é prático nem corriqueiro. Nesse ponto, os veículos impressos encontram-se em situação mais confortável e prática, pois podem ser consumidos quantas vezes e sempre que o leitor quiser.

O RÁDIO É PORTÁTIL

Foto 34. O ouvinte sintoniza o rádio em qualquer lugar, podendo fazer outras coisas ao mesmo tempo.

Segundo pesquisas do Instituto Marplan no ano de 2004, 90% da população brasileira, entre homens e mulheres de todas as idades, ouve rádio cerca de três horas por dia.

Recentemente, outra pesquisa mostrou que a maioria das pessoas passa mais tempo ouvindo rádio do que assistindo à televisão.

Isso acontece, em grande parte, porque o rádio é portátil: pode ser levado para qualquer lugar, a qualquer hora. O ouvinte escuta a programação enquanto está fazendo outras coisas: trabalhando, dirigindo, deslocando-se, comendo, tomando banho, descansando ou até mesmo dormindo.

O RÁDIO É UMA UTILIDADE PÚBLICA

Segundo pesquisa realizada em 2004, mesmo as famílias mais pobres, em todas as regiões do Brasil, possuem pelo menos um aparelho de rádio em casa.

Isso é importante porque mostra como o rádio está presente no cotidiano da maioria das pessoas e pode ser usado para ajudar o país a superar problemas graves, como os altos índices de analfabetismo, a pobreza e a falta de informação.

O rádio, além de simples companhia, pode contribuir para melhorar a cultura, a saúde e a educação no Brasil, dando uma chance para que as pessoas, mais bem informadas, consigam ter uma qualidade de vida melhor.

O radialista pode colaborar para essa melhoria promovendo campanhas de utilidade pública, incentivando a formação de eventos culturais, ensinando de que modo se preserva o meio ambiente.

Foto 35. *O papel do rádio é de extrema importância na sociedade. Além de disseminador da cultura, é um competente agente na prestação de serviços, promovendo os direitos do cidadão, articulando ações de cidadania e fortificando movimentos da sociedade na busca de conquistas sociais.*

Características das mensagens radiofônicas

Os quatro tipos clássicos de recepção de mensagens radiofônicas são explicados pelo autor Abraham Moles:

O rádio pode desempenhar dentro do entretenimento um papel individual como complemento do ambiente, quando o ouvinte busca os sons do rádio (música ou palavras) apenas como "pano de fundo". Age como companhia do ouvinte que presta uma atenção paralela por causa do desenvolvimento de uma outra atividade. Porém, o ouvinte também pode dar prioridade à mensagem radiofônica, reduzindo a atividade paralela, objetivando a compreensão da informação. O ouvinte sintoniza e seleciona o que quer ouvir, dedicando atenção integral. É bom lembrar que esses níveis de recepção podem variar, pois o ouvinte pode mudar o grau de sua atenção de acordo com o interesse. Complementando, vamos abordar a classificação do escritor Kurt Schaeffer, que expressa de outro modo a alternância da recepção do ouvinte. Para ele, quem recebe a mensagem adota uma destas quatro atitudes:

- *ouvir:* simplesmente, perceber o som;
- *escutar:* supõe uma atitude mais ativa;
- *prestar atenção:* tem implícita uma dose de intencionalidade;
- *compreender:* resulta da combinação de escutar e prestar atenção e tem, por conseqüência, a finalidade de assimilar[1]

1. Moles, *Mensagens radiofônicas*, p. 39.

Características funcionais do rádio para o ouvinte

- Desvia a pessoa de seus problemas e ansiedades, proporcionando relaxamento e lazer. Reduz sentimentos de solidão, criando uma sensação de companhia.
- Ajuda a resolver problemas, agindo como fonte de informação e aconselhamento, seja diretamente, como o acesso pessoal ao programa, seja de um modo mais geral, indicando fontes adicionais de auxílio.
- Amplia a experiência pessoal, estimulando o interesse por assuntos, eventos e pessoas até então desconhecidos. Promove a criatividade e pode apontar na direção de novas atividades pessoais. Satisfaz as necessidades de educação formal e informal.
- Contribui para o autoconhecimento e para a conscientização, oferecendo segurança e apoio. Permite que nos vejamos em relação a nós mesmos e aos outros, conectando os indivíduos com líderes e especialistas.
- Orienta o comportamento social, estabelecendo padrões e oferecendo modelos para identificação.
- Auxilia nos contatos pessoais, proporcionando temas para conversas por meio da experiência compartilhada: Você ouviu o programa da noite passada?
- Capacita os indivíduos a exercitar o ato de escolha, tomar decisões e agir como cidadãos, em especial numa democracia, graças à disseminação de notícias e informações imparciais.

Características funcionais do rádio para a sociedade

- Atua como um multiplicador, acelerando o processo de informar a população.
- Fornece informações sobre empregos, produtos e serviços, ajudando, assim, a criar mercados com o incentivo à acumulação de renda e ao consumo.
- Atua como um vigilante sobre os que detêm poder, propiciando o contato entre eles e o público.

Foto 36. O rádio cria uma tela de imagens na mente, permitindo que cada um crie cenas distintas, únicas e pessoais. Ele tem a capacidade de cobrir grandes áreas, alcançando regiões distantes aonde muitas vezes o sinal da TV não chega.

- Ajuda a desenvolver objetivos comuns e opções políticas, possibilitando o debate social e político, expondo temas e soluções práticas.
- Contribui para a cultura artística e intelectual, dando oportunidades para artistas novos e consagrados de todos os gêneros.
- Divulga idéias, novas crenças e valores, promovendo, assim, diversidade e mudanças – ou que talvez reforcem valores tradicionais para ajudar a manter a ordem social por meio do *status quo*.
- Facilita o diálogo entre indivíduos e grupos, promovendo a noção de comunidade.
- Mobiliza recursos públicos e privados para fins pessoais ou comunitários, especialmente numa emergência.

Capítulo 19

Publicidade no rádio

É acentuado o crescimento do rádio na última década. Com rapidez e versatilidade, ele permite aos ouvintes captar tudo que acontece no mundo em tempo real, pois o alcance de suas ondas via satélite cresce a cada ano. Com um público fiel que vai desde a dona de casa até o alto executivo, o veículo acumula uma audiência que supera a de quase todos os meios de comunicação. O rádio integra a mídia eletrônica de forma simples e acessível, e reúne em sua programação temas e sons para todos os gostos. O rádio fala de religião, informa como está o trânsito, toca sucessos e também narra jogos de futebol. Essa versatilidade faz dele um veículo sem comparação, destinado a todas as idades e a todas as classes sociais. Esse crescimento se deve muito às mudanças no cotidiano urbano. O tempo que as pessoas passam fora de casa aumentou, e isso fez que o rádio ficasse ainda mais próximo da população. Um exemplo disso é o trânsito das grandes cidades. O rádio está inserido no cotidiano, acompanhando o consumidor por meio da unissensorialidade, que é a capacidade que temos de fazer outras coisas enquanto ouvimos rádio. É essa característica que dá ao veículo a possibilidade de penetrar na vida diária das pessoas. A seguir, algumas definições básicas das formas publicitárias veiculadas no rádio.

Anúncio

São mensagens especialmente elaboradas para vender ou promover um produto ou idéia. Os anúncios são usados por empresas, grupos e governos para comunicar aos outros propagandas e promoções de produtos. Os primeiros anúncios são conhecidos desde 3000 a.C. Historiadores acredi-

Foto 37. *Através das ondas eletromagnéticas, o rádio transporta mensagens publicitárias a longas distâncias.*

tam que os babilônios, que viveram onde hoje é o Iraque, foram os primeiros a fazer anúncios. Nos cartazes que penduravam nas portas de seus comércios, usavam símbolos para representar os produtos que queriam promover. Em 1500 a.c., no Egito, pagavam para que pessoas anunciassem, aos gritos, a chegada de mercadorias trazidas por navios cargueiros.

Anúncio publicitário no rádio

Hoje, o anúncio presta-se a comunicar o que o homem já fazia milhares de anos atrás; é utilizado para levar ao conhecimento público um produto ou serviço de uma empresa ou instituição. É um pequeno espaço (período de tempo na programação entre quinze segundos e um minuto) pago pelo anunciante, apresentado em forma de peça radiofônica (interpretação de texto, poesia, música, dramatização), que contém de forma explícita as intenções do anunciante:

- locução com interpretação (dramatização cênica vocal) e o texto se faz na primeira pessoa;
- trilha sonora (música de fundo acompanhando o "clima" da interpretação);
- *slogan* (frase definida que caracteriza as qualidades do anunciante ou do seu produto);
- *jingle* (música instrumental ou cantada que marca a mensagem publicitária);

- pré-produção gravada (veicula-se uma gravação predefinida);
- podem constar nome do produto, preço, endereço, forma de pagamento, promoções etc. e tudo que o anunciante achar que deva veicular na peça publicitária.

Apoio cultural

É a maneira de divulgar uma manifestação empresarial ou institucional em apoio a uma realização, produção ou atividade realizada na emissora ou com sua participação, sem finalidade ou compromissos publicitários além da divulgação do nome do apoiador.

Exemplo: "... Estamos apresentando o Programa 'Rádio show', com apoio cultural da Rádioficina, onde você aprende a fazer rádio com quem gosta de rádio..."

Não contém:

- trilha sonora;
- preço, endereço, produto ou serviço;
- *jingle* ou outra informação de cunho comercial;
- geralmente se faz na terceira pessoa.

Deve constar apenas o nome da empresa ou da instituição benemérita ("Rádioficina"), porém, pode constar seu *slogan* ("... onde você aprende a fazer rádio com quem gosta de rádio...").

Normalmente, confunde-se muito apoio cultural com anúncio publicitário. O apoio não divulga nada além do nome da empresa, ao contrário do anúncio publicitário, que divulga tudo quanto interessa ao anunciante.

Classificado

É um anúncio publicitário sem produção ou acabamento que pode ser narrado até pelo próprio anunciante interessado, de maneira informal e ao vivo.

Essa é uma das formas mais baratas de realizar publicidade radiofônica e, por ser informal, não possui *slogan*, *jingle*, trilha sonora ou outro acabamento de produção. Seu recado é direto como um classificado de jornal, porém muito eficiente em programas populares. É veiculado pelo locutor durante o programa, independentemente de estar ou não no intervalo comercial.

Um exemplo de locução de classificado:

"... Rádioficina, aprenda a fazer rádio com quem gosta de rádio, onde você realiza os melhores cursos com os melhores profissionais..."

Testemunhal

É uma peça publicitária camuflada de comentários realizada pelo apresentador do programa. Sua duração varia de um a dois minutos e pode ir ao ar ao vivo de maneira informal, conversada. Nesse tipo de publicidade, o apresentador joga com sua credibilidade e carisma diante dos ouvintes.

O custo desse tipo de anúncio é maior para o anunciante, por conta do comprometimento moral que a produção do programa e até mesmo a rádio acabam tendo com a qualidade do produto ou serviço do anunciante.

Teaser

São frases ou acordes musicais inseridos no meio de um programa ou até mesmo nos intervalos comerciais, sem vínculos com o roteiro e sem conotação com o texto ou com a situação. São rápidas chamadas que citam o nome do produto ou da empresa. Geralmente são utilizados nos momentos de maior atenção por parte do ouvinte. Por exemplo: durante a narração de um gol, quando se confirma a hora etc.

Merchandising

Diferentemente do *teaser*, a citação do *merchandising* tem relação com o texto ou com a situação. Por exemplo, ao terminar um programa, eu (locutor) convido meu sonoplasta (fulano de tal) a fazer um curso de aprimoramento profissional na Rádioficina.

O simples fato de comentar no microfone que estou convidando o meu colega de rádio para realizar um curso de reciclagem já é uma propaganda da instituição.

Veja que a citação da Rádioficina tem relação com o texto: no caso, o meu convite.

Características comerciais do rádio

Proximidade: O rádio está junto com o consumidor na hora da compra, influenciando a decisão. Segundo pesquisa da Marplan, o rádio é o veículo que está próximo de 93% dos consumidores na hora que antecede a compra. Ou seja, a mensagem comercial fica presente na memória do consumidor.

Recentidade: Pessoas passam mais tempo com o rádio do que com qualquer outra mídia. O rádio é o veículo ao qual o consumidor mais fica ligado: em média 3h45 por dia. Pesquisas comprovam que as pessoas absorvem o que ouvem (palavras) com mais facilidade do que o que vêem (imagens), principalmente se a mensagem estiver em forma de *jingle*.

Audiência: A publicidade no rádio predomina no horário comercial. Possui o triplo de audiência da televisão durante a manhã e mais do dobro durante a tarde. O rádio é mais ouvido justamente no horário em que as empresas e o comércio estão abertos, o que faz dele uma mídia inserida no cotidiano. A TV tem excelente audiência à noite, no entanto, o rádio chega aonde a TV não consegue ser sintonizada. Pesquisas do Ibope confirmam: pessoas que fazem compras passam 17% mais tempo ouvindo rádio do que assistindo à televisão. Com o rádio, o consumidor não precisa ficar olhando para o aparelho para ser atingido pela propaganda – mesmo que ele esteja fazendo outras coisas, a mensagem pode atingi-lo.

Eficiência: O rádio alcança consumidores dos grandes ramos de atividade com mais eficiência. Segundo pesquisas, ele atinge quase a totalidade dos consumidores dos principais ramos de atividade em quinze dias.

Alcance: O rádio é o único veículo que alcança o consumidor em qualquer lugar: começando o dia com o rádio-relógio, sendo companhia no café da manhã, no ônibus e no carro a caminho do trabalho, no restaurante, na hora do almoço, na lanchonete à tarde, nas lojas de comércio, no *happy hour,* à noite no encontro com amigos, na madrugada, na praia, na fazenda, no *cooper,* e no passeio de bicicleta com o *walkman* etc.

Penetração: O rádio está em 98% das casas, em 83% dos carros e mais da metade da população acorda com o rádio-relógio. O rádio não tem fronteiras. Pode estar presente numa cidade do interior, caracterizando sua face regionalista, ou em pontos mais remotos, de alcance nacional ou internacional, atravessando oceanos (ondas tropicais, ondas curtas, AM e FM, em rede).

Convergência: O rádio atinge os consumidores também de outras mídias. Pode-se ouvi-lo enquanto se lê jornal, uma revista ou um livro. Pode-se ouvir rádio também enquanto se navega na *internet.* O fato de estar sintonizado em uma estação ouvindo música ou algum tipo de informação não tira da pessoa a capacidade de estar fazendo outras coisas ao mesmo tempo.

Exposição: O horário nobre do rádio dura treze horas. É grande a sua eficiência, uma das razões do grande crescimento que teve nos últimos anos.

Mobilidade: É um veículo especializado em acompanhar o consumidor aonde ele for, marcando presença em todos os momentos de sua vida. O rádio acorda e passa todo o dia com seu cliente. Dos veículos de comunicação de massa, ele é o primeiro a informar o fato no local do acontecimento. Ele é menos complexo tecnologicamente que outras mídias e, com o advento do transistor, o rádio ganhou mobilidade surpreendente, estando presente em espaços importantes. A audição radiofônica pode ocorrer em casa, no carro, no trabalho, no parque, em todos os lugares, pois o tamanho diminuto torna-o facilmente transportável. Para o radialista, a simplicidade do rádio facilita a dinâmica da programação: é muito mais fácil substituir uma matéria ou acrescentar algo novo durante uma emissão.

Credibilidade: O rádio é um veículo de grande credibilidade. Todos os anos são realizadas pesquisas para aferir a credibilidade dos vários setores perante o público, e em todas elas o rádio se destaca. Ele é o segundo em credibilidade, logo atrás da Igreja Católica, seis posições acima dos jornais e dez acima da televisão. Ou seja: as pessoas acreditam muito mais no que é veiculado no rádio – e isso se reflete também em sua propaganda, que ganha veracidade.

Baixo custo: Uma produção de rádio custa 95% menos que uma de TV. É possível utilizar dez helicópteros, vinte carros de Fórmula 1, uma fábrica inteira e milhares de pessoas em um *spot* de rádio gastando quase nada e em prazo recorde. Isso porque o rádio usa a imaginação. Tente fazer a mesma cena na televisão e ela se transforma em uma superprodução de alguns milhares de dólares e semanas de filmagem (se o tempo permitir). Além disso, quando você mostra uma "bela mulher" na TV, ela pode agradar ou não ao consumidor. Mas se você apresentar uma bela voz feminina no rádio, o ouvinte a imaginará da forma que mais lhe convier. Também não podemos esquecer o baixo custo do aparelho receptor: pelo preço de mercado, o rádio é o mais barato. O baixo custo favorece sua aquisição por grande parte da população.

Imediatismo: O *spot* de rádio pode ser alterado em seu conteúdo em uma hora. Um bom comercial de rádio pode ser produzido e estar no ar em menos de uma hora, enquanto o de TV requer pelo menos alguns dias para ficar pronto. No rádio, o anunciante pode fazer uma promoção diferente por dia ou até mesmo por hora, adequada ao ritmo de seus consumidores. Por causa da facilidade de mobilidade, o rádio também é mais imediato que os demais veículos na busca das informações, pois divulga o fato na hora do seu acontecimento, bem como o seu desenrolar, "ao vivo".

Instantaneidade: Para ouvir uma informação, o ouvinte tem de estar com o rádio ligado na hora da transmissão. A emissão e a recepção acontecem no mesmo momento: assim, uma mensagem radiofônica é consumida no momento da transmissão, e para ouvi-la novamente só utilizando um gravador, algo que não é prático tampouco corriqueiro. Já os veículos impressos encontram-se, nesse ponto, em situação mais confortável e prática, pois podem ser consumidos quantas vezes e sempre que o leitor desejar.

Capítulo 20

Os caminhos do rádio: da válvula ao satélite

RÁDIO – O PRIMEIRO VEÍCULO DE COMUNICAÇÃO DE MASSA

Para falar do rádio de hoje, antes temos de falar do rádio de ontem, de como foi sua chegada e início no Brasil. Tudo começou na década de 1920, mais precisamente nos dias quentes de janeiro de 1922. Nas altas rodas da cidade do Rio de Janeiro não se ouvia falar em outra coisa senão na chegada de um veículo de comunicação que estava revolucionando os Estados Unidos e a Europa: o rádio.

Grande parte dos homens de imprensa olhava com desconfiança a sua chegada, pois para muitos tratava-se de um veículo imediatista e vulgar, sem a nobreza e a perenidade da palavra impressa. Um preconceito não partilhado por Roquette Pinto e Henrique Morize, fundadores, em 1923, da Rádio Sociedade do Rio de Janeiro, com o prefixo PRA-A. O prestígio intelectual e social de ambos iria estimular outras personalidades a investir no mercado radiofônico na década de 1930. Assim, Assis Chateaubriand seria o exemplo mais completo. A cadeia dos *Diários Associados* reuniria em seu apogeu nada menos que 34 jornais e 36 emissoras de rádio em todo o país.

Um pouco mais adiante na história, chegamos ao ano de 1951. Três vezes por semana, às oito horas da noite, poucos automóveis circulam pelas ruas. Todos os compromissos sociais são marcados para depois das nove. Nas casas, nos bares, nos clubes, todos se sentam em volta dos rádios para esperar e ouvir *O direito de nascer*, a novela de maior sucesso da história do rádio. Pelas ondas da Rádio Nacional do Rio de Janeiro, Paulo Gracindo e Ísis de Oliveira levam ao Brasil o drama e a história de

Foto 38. Parabólica de subida de sinal de satélite.

Foto 39. Lauro Borges, década de 1930.

Foto 40. Castro Barbosa, década de 1930.

Foto 41. Brandão Filho, década de 1930.

Albertinho Limonta e Isabel Cristina. Quase desde seu começo, o rádio abrigou o modo de viver do brasileiro. Ele foi o primeiro veículo a conquistar as massas, tornando-se o principal meio de integração cultural do país. Nessa época, o brasileiro começava a eleger seus ídolos nacionais por meio das ondas desse veículo mágico.

Surge também o humorismo, a arte de fazer rir. Em 1938, Renato Murce começou a escrever as piadas do Manduca, apresentadas por Brandão Filho, Lauro Borges e Castro Barbosa. Eles também foram responsáveis por outro grande sucesso, a "PRK-30", a rádio que ficou no ar por mais de dezoito anos na Rádio Nacional, dando lugar ao humorismo de maior sucesso do rádio: o programa que contava as histórias do edifício *Balança mas não cai*. Humorismo, jornalismo, radionovela, esporte, todos foram temas que se tornaram grandes momentos no rádio. Outros inesquecíveis também vieram dos programas de auditório, como o de Paulo Gracindo, Manoel Barcelos e César Ladeira, que envolviam os ouvintes com os concursos para eleger a Rainha do Rádio entre Marlene e Emilinha Borba. Essa, por assim dizer, foi a fase de ouro da Rádio Nacional.

Evolução dos meios de comunicação

Ligue o rádio. Passe pelas estações, músicas, notícias, entrevistas, promoções, *shows*, aulas, brincadeiras, debates, informações e entretenimento. O universo do rádio em constante (r)evolução: o alvo é o próprio homem. Tão antiga quanto o ser humano é a luta que ele enfrenta para criar meios de registrar e passar adiante informações. Sinais de fumaça, batidas de tambor, linguagem gestual e inscrições em pedras são exemplos que nos levam rapidamente a refletir sobre a existência de códigos na sociedade humana diante de uma necessidade vital: descobrir formas para superar barreiras na comunicação. Desde as conquistas mais antigas até as mais modernas (imprensa, telégrafo, cinema, rádio, televisão), o que se depreende é que em toda e qualquer época o ser humano tem como característica essencial para a sua sobrevivência a necessidade de transmitir conhecimento. O homem, na evolução do tempo, sistematizou sua capacidade de comunicação e graças a ela sobrevive. A comunicação torna possível a interação entre os homens e, ao mesmo tempo, lhes proporciona armas para a convivência, porque a interação de um indivíduo com o ambiente e com o tempo está relacionada, de forma direta, com o acesso à informação.

Essa necessidade do conhecimento levou o homem a um desafio que tem ultrapassado os séculos: uma mobilização intensa com o objetivo de conquistar meios cada vez mais eficientes para a propagação e o intercâmbio de informações.

A CONSTANTE BUSCA DA INFORMAÇÃO

Podemos dizer que o século XXI será o tempo da revolução das formas de comunicação à distância. Muitos apregoam que será o tempo da aceleração das descobertas tecnológicas em todos os setores do conhecimento humano. Sem dúvida, eles têm razão. Entretanto, sem os rápidos meios de comunicação, essas descobertas ficariam restritas a pequenos grupos. O *imediatismo* dos acontecimentos é diretamente proporcional à sua divulgação para o mundo. Essa história de rapidez de comunicação tem início com o surgimento da radiodifusão. O rádio, ao longo da sua história no Brasil, cumpriu papéis diversos, atendeu a interesses variados, adaptou-se à mudança dos tempos e hoje alcança a marca de mais de 145 milhões de ouvintes, contra cerca de 105 milhões de telespectadores e, no máximo, 16 milhões de leitores de jornais e revistas. Apesar de sua larga participação na construção de uma moderna sociedade de massa no Brasil, o rádio não tem sido visto como um campo de estudos promissor na área de ciências humanas, e sua importância vem sendo muitas vezes eclipsada por uma concorrente poderosa: a televisão. A história da civilização humana se confunde com a da criação e invenção desses meios. O desenvolvimento da linguagem proporciona ao homem uma posição predominante. A escrita e sua evolução garantiram a imortalidade da palavra. De uma civilização para outra, de uma cultura para outra, entre as sociedades humanas, a comunicação se institucionalizou. Esse breve raciocínio nos indica que a comunicação moderna tem raízes em um passado remoto. Mas, com alguma reserva, pode-se afirmar: a idade moderna da comunicação coincide com a invenção da imprensa, desenvolvida na Europa no século XV. Somente dois séculos depois da descoberta de Gutenberg começam a surgir os jornais periódicos – a constância na divulgação de informações e conhecimento. O desenvolvimento da imprensa era lento e foi com facilidade que as autoridades governamentais obtiveram seu controle. O capitalismo em ascensão libertou-a desse domínio, mas a transferiu para o seu poder. Por meio de processos diferentes, praticamente no final do século XVIII, a imprensa estava livre do controle do Estado, mas já presa às forças do capitalismo em países como Inglaterra, França e Estados Unidos. Foi no século XIX, com as profundas mudanças econômicas e sociais então geradas, que um primeiro momento do que se poderia conhecer hoje como imprensa de massa foi provocado.

São dessa época o aparecimento e o desenvolvimento das agências de notícias, que tiveram importante papel nesse processo. Em países mais ricos, com a instrução se generalizando, a divisão de trabalho se estruturando e o padrão de vida se estabelecendo, o público dos jornais já era suficientemente grande.

Em outras áreas, nas quais a situação era adversa, a imprensa caminhava ainda muito lentamente. O surgimento constante de inventos (técnicas de impressão de grandes tiragens) auxiliou o crescimento da difusão da notícia. O telégrafo e outros meios que foram surgindo com o emprego da eletricidade – telefone, cinema e o próprio rádio – favoreceram sua consolidação. A imprensa deixava para trás uma época em que a maior parte da população era excluída de uma vida social e política tãosomente pelo descobrimento dos fatos. O consumo da informação passa a ser *em massa*.

O SURGIMENTO DO RÁDIO

À medida que as novidades tecnológicas se incorporavam à comunicação, os meios de informação se afirmavam. O homem, na sua ânsia de vencer barreiras no tempo e no espaço, os queria mais velozes e eficazes. É nesse processo que o início do século XX embalou uma demanda febril da comunicação: *o rádio*. A partir de 1920, a repercussão do novo meio

Foto 42. *Rádio KDKA, a primeira radiodifusora comercial em Pittsburgh, Estados Unidos, foi ao ar em 1919.*

de comunicação de massa era notável. Uma demanda febril de aparelhos receptores assolou os Estados Unidos e a Inglaterra. Em 1921, o número de emissoras de rádio nos Estados Unidos era de quatro, passando a 29 em 1922 e a 382 no início de 1923. A publicidade começava a ser veiculada, o que tornava o novo meio bastante viável economicamente. Em 1927, havia sete milhões de aparelhos somente nos Estados Unidos. Em outros países, entre os quais o Brasil, as emissões regulares foram inauguradas entre 1919 e 1922. Uma nova descoberta ampliou a radiodifusão mundialmente: foram as comunicações em ondas curtas, usadas desde 1915 durante a Primeira Guerra Mundial.

Na noite de Ano-Novo de 1923, a estação KDKA transmitiu em ondas curtas um programa para a Inglaterra. Em 1929 era a vez da Holanda transmitir para as Índias. Depois vieram a França e a Inglaterra, transmitindo à longa distância, cada qual em seu idioma, para suas colônias. A ex-União Soviética foi o país que mais utilizou as ondas curtas, transmitindo propaganda política e cultural para o estrangeiro em mais de cinqüenta línguas e dialetos. A partir de 1923, a Alemanha aproveitou-se da possibilidade de transmissão à longa distância para assolar os Estados Unidos com propaganda nazista. Durante a Segunda Guerra Mundial, o rádio foi intensamente utilizado para a emissão de mensagens e como arma de propaganda política por numerosos países.

O RÁDIO INFLUENCIA O BRASIL

O rádio brasileiro tem uma história de vida que influenciou gerações e traçou os primeiros passos da nossa televisão. Rever essa história é fascinante, mas a retrospectiva do nosso rádio é apenas um apoio para que possamos olhar o futuro. Tudo que aconteceu entre as décadas de 1930 e de 1960 passou pelo rádio. Os lançamentos musicais, comerciais, artísticos e os fatos noticiosos eram obrigatoriamente veiculados por esse meio de comunicação.

Seu surgimento se deu em 1919, na cidade de Recife, por intermédio da Rádio Clube de Pernambuco. No entanto, seu lançamento oficial no país aconteceu em 1922, mas somente em 1931, época em que o Brasil era presidido por Getúlio Vargas, é que o governo autorizou a propaganda no meio. O primeiro anunciante de que se tem registro foi a marca Texaco, em 1932. As décadas de 1930 e 1940 foram marcadas pela influência norte-americana no Brasil, e muito do que se fez aqui foi espelhado na programação do rádio nos Estados Unidos, inclusive a forma como se fazia propaganda, época em que os programas levavam o nome dos seus anunciantes, forma adaptada do que se fazia em solo norte-americano, como o "Repórter Esso". Ainda nos anos de 1940 estouram as radionovelas, que atraem ouvintes e patrocinadores.

O sucesso do rádio começava a exigir das emissoras mais profissionalismo e menos improvisos na execução dos programas. Com as radionovelas, o meio conquista uma audiência cativa e inicia uma nova maneira de fazer propaganda: as promoções e o *merchandising*. Com a criação do transistor o rádio ganha mobilidade, sai para as ruas e torna-se um incremento na propaganda. Além do *spot,* do *jingle* e do patrocínio, o locutor passa a atestar sobre os produtos que anuncia por meio das narrações-foguete, usadas nas transmissões esportivas. Nessa época destacam-se os patrocinadores Talco Ross, Melhoral, Eucalol e Casas Pernambucanas.

Getúlio Vargas descobre a força do rádio

Durante o Estado Novo (1937-1945), houve um processo de "cercamento" da cultura. O governo criou o Departamento de Imprensa e Propaganda (DIP), que, sob a batuta do jornalista sergipano Lourival Fontes (1899-1967), causava calafrios em todos os que lutavam pela liberdade de expressão. Além de centralizar as informações, Vargas viveu uma época que experimentou um inegável impulso modernizador no rádio, no cinema e nos demais veículos. Os meios de comunicação deram um salto tecnológico considerável à sombra do autoritarismo. Contudo, nada garantia mais a presença de Vargas do que o rádio. Meio de comunicação mais expansivo da época, era por esse *meio* que o presidente "conversava" com o povo, "adentrando", assim, as residências da população brasileira.

Ao ligar o aparelho, o ouvinte, que buscava um pouco de entretenimento e informação nos intervalos de uma radionovela ou do programa de música preferido, ouvia o presidente, que, pouco a pouco, tornava-se presença marcante no rádio.

Para o autor Nicolau Sevcenko, Vargas explorou o rádio com astúcia singular. Ele observa que: "Os dois rituais básicos da nova ordem eram o discurso presidencial de 1º de maio no estádio São Januário e o noticiário diário da 'Voz do Brasil', ambos assentados sobre esse mesmo nexo simbólico, a voz dramatizante de Vargas, irradiada, recebida e incorporada como expressão de *animus* profundo da nação"[1].

O rádio garantia a presença cotidiana do regime entre os brasileiros. Nisso o programa "Hora do Brasil" era ferramenta valiosa. Com o rádio, o ideal de Vargas onipresente tornava-se mais viável. A caixinha sonora trabalhava para disseminar a imagem do presidente pelo país. Alcir Lenharo, outro autor pesquisado, relaciona essa estratégia com a influência nazista, afirmando: "A estratégia radialista do Estado Novo parece acompanhar as pegadas deixadas por Hitler, para quem a palavra falada, não a escrita, tinha sido a responsável principalmente pelas grandes transfor-

---

1. Sevcenko, *Rituais básicos de Getúlio Vargas*.

Foto 43. Getúlio Vargas utiliza o rádio como o primeiro grande veículo de comunicação de massa, 1932.

mações históricas"[2]. Embora não contasse com uma rede tão ampla quanto a alemã, Vargas estava sempre no rádio, com maior garbo em datas como 1º de maio, 19 de abril (seu aniversário), 10 de novembro (aniversário do regime) e em festas cívicas como o 7 de setembro e o 15 de novembro. Com a ajuda do rádio transformou-se em figura lendária. Também foi responsável pelas leis que serviram de base para toda a legislação existente no campo da radiodifusão brasileira. Mais do que Roosevelt, que nos Estados Unidos foi identificado como "presidente do rádio", Getúlio Vargas foi ao mesmo tempo incentivador e primeiro controlador do sistema de radiodifusão no Brasil.

"VOZ DO BRASIL"

Ao longo da década de 1930, o rádio foi se mostrando um veículo de publicidade economicamente rentável. A legislação promulgada em 1932 oferecia soluções para o problema da sobrevivência financeira das emissoras, ao mesmo tempo que garantia ao Estado uma hora diária da programação em todo o território nacional para a transmissão do programa oficial do governo. O Programa Nacional, previsto por lei em 1932, só alcançou plenamente os objetivos esperados em 1939, com a criação da

2. Lenharo, *Estratégia radialista no Estado Novo*.

"Hora do Brasil", atualmente chamada "Voz do Brasil". Por intermédio desse programa, o governo pretendia personalizar a relação política com cada cidadão sem que necessitasse montar um sistema de emissoras próprio. Para atrair o público ouvinte, o Departamento de Imprensa e Propaganda (DIP) convidava artistas famosos para se apresentar no programa "Hora do Brasil", que era formado por quadros de notícias, de caráter geral, de entretenimento e informes políticos.

RÁDIO NACIONAL

Em 1936 foi inaugurada a Rádio Nacional do Rio de Janeiro, considerada um marco na história do rádio brasileiro. Nos seus quatro primeiros anos de existência, a Nacional cresceu e passou a disputar o primeiro lugar de audiência. Em 1940, o grupo de empresas à qual pertencia foi incorporado ao patrimônio do governo e a emissora passou a ser controlada pelo Estado. Diferentemente do tratamento dispensado a outras emissoras estatais, a Rádio Nacional continuou a ser administrada como uma empresa privada, sendo sustentada financeiramente pelos recursos oriundos da venda de publicidade. Entre 1940 e 1946, a Rádio Nacional tornou-se campeã de audiência e captadora de altos investimentos publicitários, como foi o caso da chegada da Coca-Cola ao mercado brasileiro: a empresa investiu uma quantia significativa na época para colocar no ar

Foto 44. Cartaz promocional da Rádio Nacional do Rio de Janeiro, 1936.

"Um milhão de melodias", programa criado exclusivamente para o lançamento do produto.

RADIONOVELAS

Na década de 1940, as empresas multinacionais passaram a ter no rádio um aliado para sua entrada no mercado brasileiro – como já vinha ocorrendo em outros países das Américas. Em 1941 era lançada na Rádio Nacional a primeira radionovela do Brasil: *Em busca da felicidade*. Segundo o sociólogo brasileiro Renato Ortiz, as radionovelas eram utilizadas nos Estados Unidos e em alguns países da América Latina como estratégia para o aumento na venda de produtos de higiene e de limpeza. *Em busca da felicidade* era um original cubano de Leandro Blanco, adaptado por Gilberto Martins a pedido da Standart Propaganda, que, além de patrocinar o programa, escolheu o horário matinal para seu lançamento. A experiência parecia ousada, pois o horário escolhido era de baixa audiência, entretanto, o patrocinador criou uma estratégia para avaliar a receptividade do novo gênero, oferecendo um brinde a cada ouvinte que enviasse à emissora um rótulo do creme dental Colgate. Logo no primeiro mês de promoção chegaram 48 mil pedidos, o que comprovou a eficácia comercial da nova programação. Com o sucesso do gênero, logo surgi-

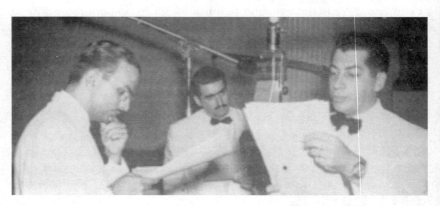

Foto 45. Almirante durante transmissão de radionovela ao vivo na Rádio Nacional, década de 1940.

ram novas radionovelas em outras faixas de horário. A Nacional se transformou em uma verdadeira fábrica de ilusões: suas novelas marcaram época, forjaram hábitos e atitudes, despertaram polêmicas e fizeram muito sucesso com o público ouvinte.

STATUS DO RÁDIO

Foto 46. O rádio une o Brasil musicalmente, transformando os artistas em ídolos. Francisco Alves, "O rei da voz", década de 1940.

Foto 47. Clementina de Jesus, ícone da cultura negra, década de 1940.

Entre os anos de 1930 e de 1950, o rádio possuía *glamour*, era considerado uma espécie de Hollywood brasileira. Ser cantor ou ator de uma grande emissora carioca ou paulista era o suficiente para que o artista conseguisse sucesso em todo o país, obtivesse destaque na imprensa escrita e até mesmo freqüentasse os meios políticos (como um convidado especial ou mesmo como candidato a algum cargo político).

No geral, as turnês nacionais desses astros eram concorridíssimas, fazendo que o maior sonho de muitos jovens de todo o país fosse o de se tornar artista de rádio – seria o correspondente ao desejo de hoje de se tornar artista de televisão.

Em 1942, a Rádio Nacional começou a transmitir em ondas curtas, passando a emitir seus programas para todo o território nacional, o que a torna uma estação ainda mais atrativa para os patrocinadores. A qualidade técnica dos programas e a contratação de profissionais altamente qualificados garantiram à Nacional altíssimos índices de audiência, transformando-a em um modelo de emissora a ser seguido. Dois setores garantiam seu sucesso em todo o território nacional: as radionovelas e os programas musicais.

O chamado "período áureo do rádio brasileiro" concentra-se entre 1940 e os últimos anos da década de 1950. É importante ressaltar que a expressão "áureo" está relacionada com um conjunto de elementos da época, não significa que o rádio daquele período possuísse mais ouvintes do que possui hoje, até mesmo porque esse fato seria estatisticamente impossível, pois a população brasileira atual é numericamente muito superior à da época, e o número de aparelhos produzidos multiplica-se velozmente (principalmente pelo fenômeno dos aparelhos portáteis de uso individual).

Crescimento e expansão

Com o fim da Segunda Guerra Mundial, as indústrias de bens de consumo retomaram seu crescimento e alguns dos produtos já disponíveis nos Estados Unidos e na Europa desde o início do século XX começaram a chegar ao Brasil. Entre os anos de 1945 e 1950 ocorreu um processo de crescimento acelerado do setor radiofônico como um todo. Assiste-se ao surgimento de novas emissoras de rádio, ao aperfeiçoamento dos equipamentos (inclusive por determinação legal) e à ampliação do número de estações de ondas curtas. Esse novo quadro, que se configurou no início dos anos de 1950, criou uma situação de favorecimento aos patrocinadores que possuíam um campo de atuação nacional.

Nesse período ocorreu um processo de popularização do rádio, fazendo dele quase uma presença obrigatória nos lares brasileiros, uma espécie de utensílio indispensável. Os aparelhos de rádio dos anos de 1940 e de 1950 ainda eram relativamente grandes, principalmente se comparados aos atuais, e necessitavam de energia elétrica ou de geradores para funcionar. Os aparelhos transistorizados só invadiram efetivamente o mercado nacional no final dos anos de 1960. As próprias características físicas do aparelho de rádio faziam que ele ainda se mantivesse como um aparelho de escuta coletiva, o que permitia uma possível troca de impressões entre aqueles que se reuniam em torno dele. É importante chamar a atenção para o fato de que, nesse período, as famílias brasileiras mantinham o hábito de se reunir para jantar, ouvir o rádio e conversar sobre as notícias do dia.

Capítulo 21

Cronologia histórica da radiodifusão

Foto 48. *Guglielmo Marconi testa seu invento: o aparelho receptor de rádio, Itália, 1895.*

O rádio é um meio de comunicação baseado na difusão de informação sonora por meio de ondas eletromagnéticas (hertzianas) em diversas freqüências, que podem ser em quilohertz, megahertz e gigahertz. Além da radiodifusão, as ondas eletromagnéticas também são usadas nas transmissões de telefone, de televisão, de radar, nos sistemas de navegação e nas telecomunicações.

O aproveitamento das ondas eletromagnéticas para a propagação de informação sonora começou no início do século XX, graças à invenção da válvula radioelétrica (tríodo), criada em 1906, nos Estados Unidos, por Lee De Forest.

A válvula tríodo permite a ampliação dos sinais elétricos, viabilizando a audição de sons complexos transmitidos por ondas hertzianas. No Natal de 1906, a radiodifusão é inaugurada no mundo: De Forest e Reginald Aubrey Fessenden transmitem, nos Estados Unidos, números de canto e solos de violino. Outras transmissões pioneiras são realizadas nos anos seguintes.

Roberto Landell de Moura

Por diversos motivos, a maioria dos brasileiros desconhece muitos de seus proeminentes filhos, que contribuíram e contribuem para o desenvolvimento nacional e da humanidade. Talvez pela dificuldade de acesso aos órgãos de informações ou até mesmo pela falta de interesse da mídia em geral em promover e divulgar os autênticos expoentes nacionais nas áreas da ciência e da tecnologia. No entanto, tenho o dever de registrar os fatos para que não sejam deixados à margem da história. Nosso orgulho e reconhecimento recaem sobre o padre gaúcho *Roberto Landell de Moura*.

Antes de experiências de Guglielmo Marconi, realizadas perto de Bolonha em 1895, Landell de Moura já fazia espantosos testes de transmissão e recepção da voz, sem fio, a uma distância de cerca de oito quilômetros.

Suas experiências foram realizadas em São Paulo, da avenida Paulista para Alto de Santana, nos anos de 1893 e 1894.

Ele havia patenteado a invenção nos Estados Unidos no começo do século XX. Logo que retornou ao Brasil, os jornais da época davam-lhe oportunidade para descrever suas invenções na transmissão do rádio. Com o respaldo das patentes norte-americanas na bagagem, o padre Landell imaginou que certamente o destino de seus projetos mudaria. De volta ao Brasil, uma das primeiras coisas que fez foi escrever ao então presidente da República, Rodrigues Alves, a quem solicitou dois navios para demonstrar suas invenções.

Mas houve um triste equívoco, até certo ponto compreensível, quando o sacerdote procurou o presidente. Um dos seus oficiais de gabinete perguntou ao padre Landell qual seria a distância desejada por ele para que os dois navios trocassem suas mensagens. A resposta parecia ser mesmo a de um louco:

A distância máxima possível. As que quiserem ou puderem. Meus aparelhos podem estabelecer comunicação com quaisquer pontos do planeta, os mais afastados que estejam uns dos outros. Isso atualmente, porque no futuro servirão até mesmo para comunicações interplanetárias.

Foto 49. Roberto Landell de Moura, "o homem que disparou o botão da comunicação no Brasil".

Eis a impressão que teve o oficial de gabinete do presidente Rodrigues Alves: "Excelência, o tal padre é totalmente maluco. Imagine que ele chegou até a falar-me em conversar com habitantes de outros planetas". Mais uma vez, o pensamento avançado de Landell não foi compreendido. O padre, embora hoje se saiba que sua afirmação tinha pleno fundamento, na época foi julgado como louco.

O historiador Luiz Netto ressalta a importância do padre Landell: "Notável homem de ciência que foi um dos que não teve a devida consideração pelos seus inventos, sendo que nem seu nome nem o nome de seu país de origem aparecem com os legítimos créditos correspondentes aos seus feitos"[1].

Década de 1910

As emissoras de rádio desenvolvem-se de fato após a Primeira Guerra Mundial, pois, durante o conflito, a transmissão das ondas eletromagnéticas fica sob o controle do governo dos países em guerra. Esse atraso na implantação da radiodifusão para o grande público, no entanto, é compensado pelos avanços tecnológicos no período, que facilitam o crescimento das estações de rádio no pós-guerra. Em apenas uma década, a radiodifusão espalha-se por todo o mundo. Em 1919 é criada a primeira

1. Luiz Netto, *Landell de Moura, notável homem da ciência*.

Foto 50. *O governo britânico utiliza-se da BBC de Londres para difundir sua cultura por meio do rádio.*

grande empresa norte-americana de telecomunicações, a Radio Corporation of America (RCA), seguida da National Broadcasting Company (NBC), em 1926, e da Columbia Broadcasting System (CBS), em 1927. Na Europa são implantadas várias empresas de grande porte, entre as quais a italiana Radiotelevisione Itália (RAI), em 1924; a inglesa British Broadcasting Corporation (BBC), em 1927; e a francesa Radio France Internationale (RFI), em 1931. O número de receptores também aumenta acentuadamente: nos Estados Unidos, por exemplo, os aparelhos de rádio sobem de cinqüenta mil em 1922 para mais de quatro milhões em 1925.

O RÁDIO SURGE NO BRASIL

As primeiras transmissões de rádio no Brasil são registradas em 1919 na cidade de Recife, pela Rádio Clube de Pernambuco. No entanto, a história oficial data a primeira transmissão em um dia de festa nacional. Em 7 de setembro de 1922, em comemoração ao Centenário da Independência do Brasil, aconteceria a primeira transmissão radiofônica oficial brasileira, no Rio de Janeiro. Era a fala à nação do então presidente da República, Epitácio Pessoa. Havia no país oitenta receptores importados dos Estados Unidos e distribuídos por pontos estratégicos da então capital federal. A Westinghouse Electric International e a Companhia Telefônica Brasileira eram responsáveis pela façanha de montar no alto do Corcova-

Foto 51. Edgard Roquette Pinto, "o pai do rádio brasileiro".

do uma estação de quinhentos watts, surpreendendo a todos os que ouviram uma transmissão da fala presidencial.

Em 1923, o antropólogo Roquette Pinto funda a Rádio Sociedade do Rio de Janeiro, instalada na Academia de Ciências. Membro do Instituto Histórico e Geográfico, Roquette Pinto funda em 1934 a Rádio Escola Municipal do Rio de Janeiro, que hoje leva seu nome.

Década de 1920

Foto 52. Rádio Home Built, modelo Crystal Set, Estados Unidos, 1920.

O rádio atravessa o século XX embalado por adaptações e mudanças tão velozes quanto a sintonia digital, que hoje substitui os botões do *dial*. O rádio só iniciou a produção de programas com uma linguagem mais adequada ao ouvinte dez anos após a implantação da primeira emissora no país, em 1923. Inicialmente, as bases do rádio foram estabelecidas em termos culturais, e não comerciais. As primeiras emissoras eram mantidas por sociedades ou clubes. Roquette Pinto, fundador da primeira emissora de radiodifusão do país, defendia a tese de que o rádio deveria ser colocado a serviço da transmissão de programas educativos e culturais, a fim de reduzir os elevados índices de analfabetismo do país. Contudo, não atingiu seu objetivo, pois a popularização do conhecimento não se difundiu, muito por conta da complexidade das palestras científicas e literárias, acessíveis apenas a um público seleto, que dispunha de recursos para adquirir um aparelho receptor importado.

O rádio não possuía ainda uma programação contínua, sem interrupções, pois o conteúdo produzido não era suficiente para os períodos diurno e noturno. A década de 1920 foi marcada pela experimentação do novo veículo, sem muitos compromissos com a qualidade e o profissionalismo. O rádio encontrava-se mais amparado pelo idealismo, talento e personalidade inovadora de seus pioneiros no Brasil. O crescimento do rádio na sua primeira década de existência no país se deu de forma lenta. A legislação brasileira não permitia a veiculação de textos comerciais, o que dificultava a sobrevivência financeira das radiossociedades. Se bem que tal fato não impedia que as emissoras, mesmo não produzindo intervalos comerciais, tivessem seus programas patrocinados por anunciantes específicos, cujos produtos eram recomendados ao público ao longo do programa. Nos primeiros anos, o alcance do rádio era pequeno, pois o preço dos aparelhos receptores era alto, o que os tornava inacessíveis a grande parte da população. Em São Paulo (que oferecia os maiores salários do país), por exemplo, um aparelho de rádio custava quase duas vezes o salário médio de uma família de trabalhadores.

Década de 1930

Os anos de 1930 foram marcados por um outro tipo de radiodifusor, o empresário, que surgia com os avanços da legislação e das novas tecnologias. Dois fatores importantes mudaram os caminhos do rádio no Brasil a partir dessa década. O primeiro deles foi a introdução do rádio a válvulas, substituindo o de galena. A novidade contribuiu para baratear

Foto 53. Rádio Philco, modelo Capela
37-60, Estados Unidos, 1936.

os custos de produção do aparelho, possibilitando sua popularização e alcance a um público ouvinte mais amplo.

O segundo fator importante foi a mudança da legislação, que passou a favorecer a inserção de publicidade no rádio por meio do Decreto-lei nº 21.111. Com essa medida, o governo regulamentou e liberou a irradiação da *propaganda comercial* no rádio, reiterando que considerava a radiodifusão um setor de interesse nacional, com finalidades educacionais. A introdução de mensagens comerciais fez a radiodifusão brasileira se popularizar. O patrocínio de anunciantes permitiu o surgimento de programas de "variedades", responsáveis por transformar o rádio em fenômeno social, influenciando o comportamento das pessoas e ditando moda. Se na década anterior o rádio foi marcado por uma mão-de-obra voluntária e colaboradora, agora havia a necessidade de formar um quadro de funcionários fixo e remunerado. A entrada da publicidade radiofônica alterou significativamente a programação e a produção de programas. O enfoque no rádio passava a ser diferente, a programação era pontilhada de "reclames" que patrocinavam os programas populares de auditório, as radionovelas, bem como os concursos dos reis e rainhas do rádio. Eram produtos oferecidos por causa da formação desse novo *cast* de profissionais que se especializavam nos mais variados conteúdos apresentados pelo veículo.

Contratar os melhores cantores, redatores, atores, músicos e animadores, disputá-los com as concorrentes, oferecendo-lhes salário e fama, faria do rádio o veículo que mais mexeria com as bases da sociedade e da família brasileira na década de 1930.

Foto 54. Carmem Miranda, "a pequena notável", década de 1930.

Ainda em 1932, no mês de maio, o rádio dava mostras de sua capacidade de mobilização política. A cidade de São Paulo exigia a deposição do então presidente Getúlio Vargas; as rádios paulistas, em especial a Rádio Record, se transformavam em poderosas armas. Em julho teve início o movimento que ficou conhecido como Revolução Constitucionalista, cuja principal exigência era a convocação de eleições para a formação de uma Assembléia Constituinte: o país necessitava de uma nova Constituição. A cidade logo foi cercada pelas forças federais; isolada, utilizou as emissoras de rádio para divulgar os acontecimentos a outras partes do país. Em outubro, São Paulo depunha suas armas. O rádio saiu do conflito revigorado por sua destacada atuação. Alguns profissionais do setor, como o locutor César Ladeira, se tornaram conhecidos em âmbito nacional.

Década de 1940

Foto 55. Rádio Philco, modelo 40-120, Estados Unidos, 1940.

Foto 56. Selos de garantia davam aos rádios a autenticidade do produto.

Os programas começaram a ser preparados com antecedência e havia horários fixos para sua veiculação, bem como para a distribuição da programação. Essa década representou um dos períodos de apogeu do rádio brasileiro, com a solidificação da Rádio Nacional do Rio de Janeiro, a mais forte e influente emissora brasileira de todos os tempos. Durante esses anos, o rádio atingiu sua maior importância entre todos os meios de comunicação, sendo o veículo mais consumido e para o qual era destinada a maior fatia das verbas de propaganda.

Também foi nessa época que o rádio dominou mais a vida nacional, tornando-se o centro das atenções, propagador de informações, além de opção de entretenimento e lazer. Ele era efetivamente o centro de tudo: todas as coisas acabavam, de uma forma ou de outra, ligadas ao rádio, disseminadas pelo rádio, tratadas pelo rádio, influenciadas pelo rádio. Reflexo e indício disso são três fatos a ele ligados que podemos lembrar: a eleição da "Rainha do Rádio", que mobilizava todo o país e dividia a população entre os partidários das várias candidatas; a grande circulação das revistas especializadas em rádio, como a *Revista do Rádio* e *Radiolândia*; e o fantástico número de cartas recebido pela Rádio Nacional nesse período, quase oito milhões.

O rádio ia se tornando o veículo mais popular da década, mas havia problemas de expansão por causa do subdesenvolvimento da sociedade brasileira, ou seja, um território excessivamente grande para uma pequena teia de transmissão oferecida para a época. Parcela significativa da população não era atingida pelo rádio. Embora o veículo crescesse artisticamente, revelando novos valores para o mundo das artes, da música, do humor e do entretenimento, seus radiodifusores ofuscavam-se com o retorno rápido e fácil do investimento.

Havia entre os empresários da época um espírito empreendedor, arrojado, que, no entanto, os levava a explorar o negócio de forma empírica e sem muita técnica.

Década de 1950

Foto 57. Rádio Philips, modelo BR639A, Brasil, 1955.

Inaugurada em 1950, a televisão apenas cinco anos mais tarde começa a incomodar e a assustar o rádio. Os principais motivos de preocupação eram os seguintes: a televisão tirava – no caso de empresas proprietárias de rádio e televisão – os recursos para sua implantação; levava os principais talentos do rádio para administrar e produzir sua programação; ficava com parte das verbas publicitárias existentes na época. Nos dois primeiros casos, os prejuízos ao rádio, causados pela televisão, foram bastante significativos e pesaram muito para que, a partir da segunda metade da década de 1950, o rádio entrasse em declínio e vivesse sua fase de grande desânimo.

Hoje, observando de uma perspectiva histórica mais confortável, pode-se constatar que, na verdade, o rádio se assustou demais e viu na

Foto 58. *Assis Chateaubriand, "o pai da TV brasileira", e Homero Silva, década de 1950.*

televisão um inimigo muito maior e ameaçador do que na verdade era. O maior culpado pelo declínio do rádio, na realidade, foi ele mesmo, que entregou as pontas ao primeiro sinal de dificuldade e começou uma interminável discussão: sobre se a televisão iria ou não acabar com o rádio. No meio dessa polêmica improdutiva, a televisão foi conquistando com maior facilidade seu lugar entre os meios de comunicação. O rádio perdeu, de forma muito rápida, sua liderança, e até mesmo outros meios, como o jornal e as revistas, ganharam patrocinadores e verbas publicitárias que passaram a usar menos o rádio.

No entanto, é importante ressaltar que a transmissão televisiva brasileira, apesar de ter tido início nos anos de 1950, só alcançou um número significativo de aparelhos receptores na década de 1960. Ou seja, entre os anos de 1920 e de 1960, o rádio foi o principal veículo de comunicação de massa do Brasil.

Seguindo a mesma dinâmica que se instaurou na maioria dos países do mundo ocidental, foram anos de mudanças profundas nas estruturas sociais, culturais, econômicas e políticas da sociedade brasileira. Mudanças das quais o rádio participou, ora cumprindo papéis secundários, ora papéis fundamentais. Mesmo enfrentando um severo período de mudanças e reestruturações, o rádio chega ao final dos anos de 1950 consolidado

Foto 59. A televisão rapidamente ocupou o lugar do rádio e tornou-se a "babá" da nação, década de 1950.

Foto 60. Primeira logomarca da TV Tupi de São Paulo, década de 1950.

em sua posição de meio de comunicação de massa, como um elemento fundamental para a formação de hábitos da sociedade brasileira.

Década de 1960

Com a perda de prestígio por parte do veículo na década de 1960, provocada em parte pelo advento da TV, que passa a disputar parcelas significativas do bolo publicitário, e também por causa da queda no padrão de qualidade técnica das rádios AM, o meio radiofônico vive um período de estagnação. A situação incomodava a maioria dos empresários, acostumados a obter lucros com estratégias gerenciais intuitivas que, até então, haviam garantido o sucesso das emissoras. O início da década foi marcado pelo desânimo e pessimismo dos empresários de radiodifusão, que apregoavam que o rádio havia atingido o fundo do poço – alguns de seus dirigentes mais pessimistas descobriram que o rádio antigo, centro das aten-

Foto 61. Rádio Zenith AM/FM, modelo L727, Estados Unidos, 1960.

ções de todos, estava definitivamente liquidado, pois a televisão, em maior escala, e os demais meios de comunicação haviam assumido muitas das funções até então pertencentes quase exclusivamente ao rádio. Começa, então, um processo de profunda alteração na estrutura de produção e programação do rádio, que só se completaria vinte anos mais tarde. As principais descobertas desse começo de reciclagem do rádio foram os disc-jóqueis, bem como o esquema de rádio musical e a rádio eclética, misto de diversos gêneros, atendendo a várias necessidades específicas de seus consumidores.

À medida que os anos de 1960 corriam, essa nova estrutura do rádio brasileiro ia se desenvolvendo em uma enorme reestruturação, impulsionada por um invento norte-americano que os japoneses massificaram: o transistor. O rádio começa a transmitir, então, as características de meio individual de consumo, quase essencialmente privado, por uma pessoa apenas, ou por um grupo de pessoas de enorme afinidade. O rádio rompe as alças que o prendiam à sala de estar, à cabeceira das camas e a outros lugares fixos, e começa a andar nos carros, a zanzar pelas casas, a acompanhar as pessoas no trabalho, a correr aos jogos, a fazer parte do dia-a-dia das pessoas.

Tudo isso começa a levantar a névoa da confusão que se havia estabelecido e novos caminhos para o rádio passam a ser vislumbrados, descobertos e seguidos. O rádio ganha mobilidade, velocidade e instantaneidade; o esporte no rádio cresce de importância e se torna um de seus principais esteios publicitários.

Enquanto se desenvolve toda uma geração de disc-jóqueis, o radiojornalismo é muito incentivado e uma importantíssima função do rádio se define com muita precisão: a prestação de serviços. Surgem então os descendentes dos pioneiros e admiráveis animadores: os comunicadores, que

Foto 62. Rádio Portátil Sharp Transistor, modelo BX327, Japão, 1960.

Foto 63. Os proprietários de emissoras de rádio redescobrem o veículo. Passam a desenvolvê-lo para o coletivo, mas com personalidade individual. O saudoso João Jorge Saad, fundador da Rádio e TV Bandeirantes.

aos poucos vão ganhando espaço e aperfeiçoando sua arte, criando toda uma nova geração de programas de rádio.

O outro indicador da popularização do rádio na década de 1960, ou até mesmo da banalização da sua presença nos grandes centros urbanos, pode ser visualizado em uma pesquisa do Instituto Brasileiro de Opinião Pública (Ibope) sobre o potencial efetivo dos mercados carioca e paulista para as utilidades domésticas. Nessa pesquisa, o rádio foi simplesmente excluído: foram apuradas a existência de aparelhos de TV, colchões de mola, máquinas de lavar roupa, refrigeradores, liqüidificadores e enceradeiras, ou seja, como o rádio já era presença constante nos lares brasileiros, não servia como indicador de renda. Da mesma forma, ainda em 1960, o Ibope realizou uma pesquisa sobre a forma por meio da qual os habitantes de Belo Horizonte conheceram a loja Ducal e 73% dos entrevistados responderam que tal conhecimento havia sido por anúncios de rádio, seguido de 18% que o fizeram por jornais e 12% pela televisão.

Década de 1970

Foto 64. Rádio Arwin, modelo 67R09, Hong Kong, 1970.

A década de 1970 começa marcada por um fato novo: o interesse do governo militar em interiorizar o rádio, a fim de cobrir as chamadas *zonas de silêncio*. A ação governamental, no entanto, foi orientada por objetivos políticos. A FM fazia parte de uma estratégia de interiorização da radiodifusão. O alcance reduzido de suas ondas possibilitava a instalação de emissoras em todos os municípios, principalmente em áreas às quais as rádios AM não chegavam. Essa idéia foi recebida com certa resistência por parte dos empresários de comunicação, pois tratava-se de uma freqüência de alcance territorial limitado e, conseqüentemente, de público bastante reduzido.

Outro fator determinante na expansão da nova freqüência era a carência de aparelhos receptores a preços mais acessíveis ao grande público, e que captassem as duas freqüências. Os aparelhos disponíveis eram importados e caros. Um dos fatores significativos para a mudança de opinião dos radiodifusores, no entanto, foi a política governamental de distribuição de concessões de FM. Essa radiofreqüência só ganhou impulso porque houve ação deliberada do governo militar no sentido de definir estratégias de distribuição de concessões e permissões de canais, bem como de reativação da indústria nacional de equipamentos. A freqüência modulada teria fracassado no Brasil se a indústria não tivesse contribuído com a produção de equipamentos transmissores e receptores mais baratos. Isso fez que o Brasil chegasse ao final da década com mais de 85% da população brasileira tendo fácil acesso ao rádio, marca sequer atingida no seu período de maior prestígio. A FM abre um novo e vastíssimo campo para a expansão do rádio com a pioneira experiência da Difusora FM, em São Paulo.

As modificações na programação do rádio, que já estavam em curso, são aceleradas e se tornam ainda mais radicais; o aumento da concorrência com os demais meios de comunicação e o próprio fenômeno da FM obrigam o rádio a criar novas alternativas de programação.

O rádio descobre, com nitidez, que sua grande opção é a segmentação em todos os níveis: geográfica, de público consumidor, de gênero de programa.

O sucesso começa novamente a visitar o rádio. Novas emissoras são criadas com grande sucesso. Reestruturações realizadas são coroadas de êxito.

Cresce a quantidade de estações em todo o Brasil, e, já na segunda metade dos anos de 1970, uma nova fase de grande incremento começa a ser vivida pelo rádio brasileiro, com a enorme expansão das emissoras FM e o contínuo e acelerado processo de reestruturação da programação, além da busca da mais precisa segmentação.

Década de 1980

Foto 65. Rádio portátil Daihatsu, modelo DRP 35, Japão, 1980.

O rádio no Brasil começa a se transformar ainda mais nessa década. Influenciado pelo estilo popular norte-americano, apareceram locutores mais soltos, sempre com humor em plena forma, hábeis em combinar vozes bem moduladas com permanente agilidade na locução.

Era mais do que uma novidade tecnológica. A freqüência modulada revolucionou o rádio brasileiro ao conquistar o público jovem pelo novo estilo de programação. A adesão do jovem à FM trouxe incentivo comercial ao rádio, que perdia espaço para a TV na disputa por verbas publicitárias. Na década de 1980, as rádios FM passaram a receber 80% dos recursos publicitários de agências destinadas ao rádio. As perspectivas de segmentação apresentaram-se mais exploradas e asseguraram um extraordinário potencial de crescimento para o meio.

O domínio cada vez maior da melhor linguagem do rádio produzia programas mais atrativos, que não se limitavam a tocar três, quatro ou cinco músicas seguidas e anunciá-las com voz impessoal. O rádio começava a se estruturar em associações e redes, unindo forças, somando talentos, maximizando investimentos, compartilhando experiências, crescendo de importância. No entanto, o processo de concessões de canais nessa época começa a assumir uma mentalidade de natureza polêmica: o critério político de sua distribuição. O método utilizado pelos governos militares e pelos presidentes da Nova República levou os radiodifusores a dividirem-se em dois grupos: os empresários, que viviam do negócio rádio, e os políticos e pastores, que exploravam o veículo para autopromoção ou divulgação de suas crenças.

Esse passou a ser um dos problemas mais relevantes do rádio durante essa década, pois as concessões passaram a beneficiar pessoas que não pertenciam ao ramo da comunicação, que não possuíam o menor compromisso com a função social das emissoras.

A concessão de novos canais foi transformada em moeda corrente no Congresso Nacional, circulando entre protegidos do poder e políticos. Foi amplamente usada como meio de cooptação política ou mesmo em negociatas que envolviam benefícios e privilégios durante o governo dos presidentes João Figueiredo e José Sarney.

Contudo, esse processo também teve seu lado positivo para o veículo, pois a década de 1980 representou, talvez, a grande expansão do rádio em toda a sua história, em nosso país. O rádio consegue bater todos os recordes em termos de posse de aparelhos receptores por parte da população, bem como no tocante à cobertura do meio, nível de consumo por

Foto 66. Otávio Ceschi e Sandra Grott na Rádio Cidade 96,9 MHz-SP, 1988.

ouvintes, quantidade de emissoras em operação, crescimento do faturamento publicitário e utilidade social.

Década de 1990

Foto 67. Minirrádio Portátil Coby AM/FM, modelo CX7, China, 1995.

Inicia-se a década das novas tecnologias e dos avanços digitais dentro do veículo. Uma década marcada por soluções criadas pela informática, por meio de *softwares* específicos, que passaram a gerenciar toda a transmissão de uma emissora, digitalizando por completo seu sinal. O estúdio passa a reproduzir e a editar comerciais e vinhetas, substituindo muitos equipamentos que até então eram insubstituíveis, como as cartucheiras, os Dats, os cassetes e os gravadores de rolo. Mas a grande conquista no

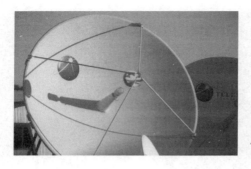

Foto 68. O satélite possibilitou avanço nas áreas artística, de produção e comercial das empresas de radiodifusão.

período, que pode ser somada ao crescimento tecnológico do rádio, é a transmissão de suas ondas via satélite, pelo projeto Brasil Sat da Embratel. Inicia-se a era das transmissões de rádio via satélite. O sistema oferece excelente qualidade de áudio, além de atrair verbas publicitárias para o meio. A formação de redes de rádio via satélite permite que emissoras do interior do Brasil tenham acesso a uma programação mais moderna, vinda diretamente dos grandes centros urbanos.

Com a satelitização do sinal, os radiodifusores começam a atender a uma das principais necessidades das agências de propaganda e anunciantes: a confiabilidade na veiculação de comerciais em rede nacional, em horários exatos, por meio de um sistema estável e preciso. Em 1990, essa expansão do uso do satélite possibilita à pioneira Rádio Bandeirantes de São Paulo enviar pela primeira vez seu sinal via satélite a um conjunto de emissoras afiliadas. Em seguida, Rio de Janeiro, Porto Alegre e Belo Horizonte investem na mesma direção, ampliando o número de emissoras afiliadas, criando formatos mais abrangentes de programação e, conseqüentemente, apostando cada vez mais na nova tecnologia de transmissão.

Na época, o processo de satelitização vem suprir uma grande carência de mão-de-obra para essa mídia, pois a qualificação profissional das áreas artística e de produção sempre foi muito deficitária no rádio brasileiro. De certa forma, o processo de satelitização gera também certa insegurança e instabilidade nos profissionais das pequenas emissoras locais, as quais anteviam uma demissão em massa.

Foi então que surgiu um fenômeno denominado "regionalização", no qual o público ouvinte daquela localidade não assimilava os conteúdos apresentados pela geradora na cabeça de rede. Músicas, programas e promoções que faziam sentido para uma certa localidade já não faziam para outra na mesma proporção. Para reverter esse quadro, a Rede Transamérica utiliza-se do sistema de multigeração digital por satélite, o qual possibilita às suas afiliadas escolher programações diferentes, transmitidas ao mesmo tempo, adaptadas à região e às tendências musicais da localidade. Cria-se também o horário regional, no qual a afiliada retransmitia um conteúdo local, pertinente aos fatos e aos acontecimentos daquela região.

Os anos de 1990 resgataram para o rádio a imagem do grande vendedor nacional. Com a rede, os radiodifusores podiam falar com o Brasil por intermédio de suas afiliadas, e isso com toda a segurança e credibilidade. Na verdade, a rede trouxe mais do que a possibilidade de aumentar o faturamento: representou uma nova fase para o meio, mais profissional e de maior conscientização por parte dos empresários, que passam a tratá-lo como um negócio, inserido num mercado competitivo, exigente e carente de inovações. Surgia nessa fase uma nova geração de empresários da radiodifusão, que faziam do meio um negócio explorado de maneira racional e profissional. Comprovam essa mudança as ações promocionais, que se tornaram questão de sobrevivência para o meio. Muitas emissoras de FM chegavam a fazer três promoções em um único dia.

O público correspondia de forma inesperada às expectativas, pois fazia o impossível para ganhar uma simples camiseta da sua estação preferida.

As promoções davam retorno comercial, com a venda de espaço na programação, o que fazia as emissoras se preocuparem cada vez mais com promoções criativas e inteligentes.

Década de 2000

Vira o século e novamente o rádio incrementa ainda mais sua atuação como mídia de massa. Os famosos programas de auditório de outrora se transformam em megaeventos que fortalecem a marca da emissora e do seu patrocinador. O rádio começa uma nova década diversificando seus produtos, tendo uma marca, um nome, uma expressão ou forma

Foto 69. Rádio portátil digital
Sony, modelo ICF, Japão, 2005.

gráfica que individualize e identifique a emissora. Estabelecidas no mercado como redes ou grupos de comunicação, as rádios não se limitam mais à distribuição de brindes e de prêmios doados pelos patrocinadores: elas procuram distribuir objetos que tenham a sua logomarca. As promoções mostram-se bons indicadores de audiência, além de uma referência confiável para medir a fidelidade do ouvinte. Mas parcela considerável dos donos de rádio não se limita apenas a estratégias de venda e de promoções, à comercialização de espaços dentro da programação ou à distribuição de seu sinal de satélite. Eles foram buscar verbas, diversificando o negócio com a venda de projetos que tinham a "cara" da emissora, por meio de produtos como CDs, revistas, *sites* na *internet* e parcerias com provedores de conteúdo na *web*. Um período marcado pela palavra de ordem "globalização", no qual o mercado da comunicação se expande de forma vertiginosa.

Crescem a concorrência e a disputa pelos melhores espaços, na mesma proporção que crescem as oportunidades de fazer bons negócios. Como nunca antes, o termo *parceria* começa a fazer parte das atividades comerciais ligadas ao rádio. Nesta primeira década do novo século, o que se registra entre as inovações tecnológicas e artísticas do período é uma espécie de redescobrimento do rádio, um meio de comunicação de massa que continua atraindo e mantendo audiências diversificadas em praticamente todas as partes do mundo.

Depois da generalização das transmissões via satélite entre emissoras geradoras de programação e suas afiliadas regionais, inicia-se a disponibilidade de transmissões radiofônicas em escala global por meio da *internet*. O rádio garante nessa fase a imagem de um meio renovado, superando a síndrome de inferioridade, saindo do ostracismo ao qual foi lançado pela hegemonia criada pela televisão nos anos de 1950. Nos novos tempos, a *internet* torna-se uma mídia que permite a multiplicidade, pelo fato de poder estar presente em todos os lugares. Dentre todas as mídias, o rádio foi o único meio que se mostrou multidimensional, pois possui uma sinergia muito grande, as pessoas podem navegar e trabalhar no computador ouvindo sua emissora preferida.

A *internet* e o meio rádio celebraram um bom relacionamento, pois algumas emissoras, especialmente as grandes redes, como Jovem Pan Sat, Band, Antena 1, Transamérica, Gaúcha, Itatiaia, dentre outras, aproveitaram os recursos da *internet* para expandir seus limites de potência.

A *web* é um instrumento que permitiu às emissoras chegar a outras partes do mundo. O rádio digital também ganhou espaço no início da década. Entre os radiodifusores e engenheiros já havia um consenso quanto a adotar um sistema para as emissoras de AM e FM. A dúvida estava em qual sistema adotar, uma vez que já existiam vários implantados no mercado de radiodifusão europeu, no entanto, o padrão que melhor atendia às realidades da radiodifusão brasileira era o norte-americano In-Band On-Channel (Iboc).

Esse sistema transmite sinais analógicos e digitais simultaneamente. Grandes redes mundiais, como a BBC inglesa, já haviam encampado o projeto do rádio digital e já transmitiam alguns de seus canais pelo sistema Digital Radio Mondiale (DRM). O DRM é um consórcio europeu formado de um encontro de radiodifusores e fabricantes de equipamentos em Paris, no ano de 1996. Em 1998, foi lançado oficialmente, passou por testes de laboratório e de campo, foi submetido à UTI em 2000 e tornou-se padrão para os europeus em 2001. Esse sistema também entrou em operação em vários países da África e da Ásia, tendo sido lançado simultaneamente na China. Da mesma forma que o sistema DRM, outras opções de transmissão de áudio digital estavam disponíveis há bastante tempo. O consórcio Eureka 147 havia sido lançado cerca de uma década antes, como "o futuro do rádio digital", mas, mesmo com o esforço da indústria e dos radiodifusores, não "pegou". Tecnicamente com mais qualidade que o sistema Iboc dos norte-americanos, o sistema europeu enfrentou um impedimento econômico para sua implantação: o preço dos receptores, cerca de US$ 700 por aparelho. No Japão, a indústria também desenvolvia a versão para rádio do padrão de TV digital, o NISDB. No entanto, esses dois sistemas tinham dois pontos negativos difíceis de contornar: a necessidade de mudança de faixa das emissoras atuais e o funcionamento no sistema Multiplex, que exigia o compartilhamento de um mesmo transmissor por vários radiodifusores. Esse compartilhamento não fazia parte da cultura da radiodifusão brasileira, pois cada emissora queria ter o seu próprio transmissor, como tinha a sua própria programação.

A preocupação dos radiodifusores brasileiros era fazer que o sistema escolhido atendesse à realidade brasileira, dando-lhe condições de concorrer com outras mídias de forma mais competitiva. Em paralelo à implantação do padrão digital, os engenheiros do grupo defendiam a implantação do Radio Data System (RDS), sistema que permite o envio de dados digitais de informação com a transmissão radiofônica, algo que se tornaria um passo importante para o desenvolvimento do rádio no Brasil. O início da década foi marcado pela profunda reestruturação do meio, momento em que se anunciava também "um novo tipo de rádio", o sistema via satélite, que já estava em funcionamento nos Estados Unidos. Esses sistemas são conhecidos como XM Satellite Radio e Sirius. As empresas oferecem um sistema de rádio por assinatura, no modelo Pay TV, com cerca de cem canais que podem ser captados diretamente do satélite, por uma taxa mensal de baixo custo. Todavia, essa fase ainda era remota para o radiodifusor brasileiro, pois nenhuma das empresas norte-americanas tinha planos de oferecer seus serviços para a América Latina. Décadas depois de sua origem, o rádio começa a reviver seu enorme potencial.

A PRIMEIRA RÁDIO *WEB* AO VIVO DO BRASIL

Lançada na Fenasoft em 2000, a maior feira de informática do país, a Rádioficina OnLine foi a primeira rádio *web* com locução ao vivo, voltada para a *internet*, do Brasil. O lançamento do projeto marcava um novo capítulo na história da radiodifusão brasileira, uma vez que a linguagem dos locutores, a plástica e o formato da emissora eram totalmente adaptados à *web*. A rádio é o resultado de uma parceria entre a Rádioficina e o

Foto 70. Estúdio da
Rádioficina OnLine, 2000.

Grupo Abril por intermédio do Ajato, provedor de banda larga da *internet*. Um sonho acalentado pela Rádioficina, escola de radialistas na cidade de São Paulo, desde o surgimento das *web radios* nos Estados Unidos, no início de 1997. Observou-se que a *internet* tinha a tendência de priorizar o conteúdo multimídia, e a Rádioficina OnLine poderia ser a primeira de muitas outras emissoras capaz de surgir e fazer da *internet* um grande meio de difusão de rádios *web*. Outra característica importante é que, ao contrário dos canais de música já existentes na *web*, a rádio era operada em tempo integral por locutores ao vivo. Com a presença dos comunicadores, a rádio poderia atender em tempo real aos pedidos de música e sugestões dos ouvintes, explorando de maneira ampla a interatividade característica da *web*. Além disso, promoções, boletins informativos, notícias e dicas culturais eram transmitidos *on-line* pelos locutores durante toda a programação. O objetivo era levar à *internet* toda a mobilidade e dinamismo do veículo rádio.

E para comprovar que o rádio e a *internet* funcionavam muito bem em parceria, já na inauguração oficial, a Rádioficina OnLine promoveu a cobertura do 31º Festival de Inverno de Campos do Jordão, com *flashes* ao vivo do local enviados por uma equipe de promoção. Além disso, na Fenasoft 2000, foi montado o estúdio da rádio no estande da TVA, de onde foram transmitidas, ao vivo, toda a programação e a primeira entrevista realizada por uma rádio via *internet*. Os entrevistados foram os integran-

Foto 71. Equipe da primeira rádio web da internet brasileira, 2000.

tes do grupo baiano É o Tchan. A receita da audiência estava na interatividade, pois o ouvinte podia ver o locutor por meio de uma *webcam* posicionada dentro do estúdio, participar durante 24 horas, via *e-mail*, ou entrar na sala de bate-papo instalada no *site* da própria rádio *web*. Posteriormente, o projeto ganhou nova dimensão de alcance, por intermédio de mais uma parceria com a Rede Transamérica de Comunicação. Dos estúdios da radioficina.com.br em São Paulo, o conteúdo gerado era direcionado para o *site* transanet.com.br, portal da Rádio Transamérica. O volume de acessos triplicou. A partir de então, a denominada Rádioficina Transamérica OnLine passa a ser a rádio virtual da Transamérica, um avanço para as parcerias que podem ser firmadas entre as rádios *web* e as emissoras de rádio tradicionais.

DATAS HISTÓRICAS DO RÁDIO NO BRASIL[*]

1892: O padre gaúcho Roberto Landell de Moura inicia em Campinas, interior de São Paulo, as primeiras experiências com a radiodifusão no Brasil. Utilizando uma válvula amplificadora com três eletrodos, fabricada por ele mesmo, transmite e recebe a voz humana através do espaço.

[*] Fonte de pesquisa e referência: *Almanaque Abril*.

1894: Landell de Moura realiza a transmissão de sons do alto da avenida Paulista para Alto de Santana, em São Paulo, cobrindo uma distância de oito quilômetros em linha reta.
1900: O governo brasileiro concede a Roberto Landell de Moura a patente de número 3.279 para "um aparelho apropriado à transmissão de palavras à distância, com ou sem fios, através do espaço, da terra e da água". Ele se muda para os Estados Unidos, onde consegue construir e patentear o transmissor de ondas, o telefone sem fio e o telégrafo sem fio.
1904: De volta ao Brasil, não consegue apoio e desiste de suas invenções.
1922: Realiza-se no dia 7 de setembro a primeira transmissão radiofônica oficial no Brasil, como parte das comemorações do Centenário da Independência. A Westinghouse Electric e a Companhia Telefônica Brasileira instalam no alto do Corcovado, no Rio de Janeiro, uma estação de quinhentos watts, inaugurada com um discurso do então presidente da República, Epitácio Pessoa. Seguem-se emissões de música lírica, conferências e concertos, captadas pelos oitenta aparelhos de rádio distribuídos pela cidade. Após as festividades, as transmissões são interrompidas.
1923: O governo brasileiro monta na praia Vermelha, no Rio de Janeiro, uma estação de rádio que transmite, em condições precárias, programas literários, musicais e informativos. Roquette Pinto e Henrique Morize criam a Rádio Sociedade do Rio de Janeiro, que apresenta programas educativos e culturais. Influenciadas por ela, são fundadas rádios amadoras em várias partes do país, como a Rádio Clube Paranaense, a Rádio Clube de Pernambuco, a Rádio Sociedade Rio-Grandense, a Rádio do Maranhão, a Rádio Sociedade Educadora Paulista e a Rádio Clube de Ribeirão Preto. Todas nascem como clubes e sociedades e, como a legislação proibia a publicidade, são sustentadas por seus associados.
1927: Inauguração da Rádio Record em São Paulo. A dupla Manezinho e Quintanilha inicia os programas humorísticos na Rádio Sociedade.
1932: Waldo de Abreu cria os primeiros anúncios de rádio no "Esplêndi-

do Programa", da Rádio Clube do Brasil, no Rio de Janeiro. Locutores paulistas usam o rádio como instrumento para conseguir a adesão popular à Revolução Constitucionalista de 1932.

1934: Inauguração da Rádio Mayrink Veiga, líder de audiência por vários anos no Rio de Janeiro, até ser fechada em 1964.

1935: Inauguração da Rádio Jornal do Brasil no Rio de Janeiro. Instituição do programa oficial do governo de Getúlio Vargas, a "Voz do Brasil" é transmitida até hoje. A Rádio Kosmos, de São Paulo, cria os primeiros programas de auditório, que permitem a participação do público. Surgem os primeiros ídolos do rádio: Linda Batista, Araci de Almeida, Francisco Alves, Carmem Miranda, Orlando Silva, Sílvio Caldas, entre outros.

1936: Inauguração da Rádio Nacional no Rio de Janeiro, a primeira grande emissora brasileira, líder de audiência durante duas décadas. É criada com uma estrutura inédita para a época: seis estúdios, um auditório com quinhentos lugares, transmissores de 25 kW e 50 kW para ondas médias, e dois de 50 kW para ondas curtas. Suas transmissões alcançam todo o território brasileiro e algumas partes da América do Norte, da Europa e da África. Para colocá-la em funcionamento, há um corpo de funcionários igualmente grande: dez maestros, 124 músicos, 33 locutores, 55 radioatores, 39 radioatrizes, 52 cantores, 44 cantoras, dezoito produtores, treze repórteres, 24 redatores, quatro secretários de redação e aproximadamente 240 funcionários administrativos.

1937: Assis Chateaubriand inaugura a Rádio Tupi em São Paulo. A cantora Linda Batista é eleita a rainha do rádio.

1940: Ary Barroso, autor de *Aquarela do Brasil*, compõe *jingles* para os remédios Urodonal, cantado por Orlando Silva, e Fandorine, interpretado por Sílvio Caldas.

1941: A Rádio Nacional lança o "Repórter Esso", primeiro radiojornal brasileiro, que vai ao ar na voz de Heron Domingues. *Em busca da felicidade*, a primeira radionovela brasileira, é transmitida pela Rádio Nacional do Rio de Janeiro.

1944: Inauguração da Rádio Globo no Rio de Janeiro.

1954: Inauguração da Rádio Bandeirantes em São Paulo, a primeira a divulgar notícias durante toda a programação.
1958: Inauguração da Rádio Eldorado em São Paulo.
1968: Fim do "Repórter Esso". Surgimento das primeiras emissoras de freqüência modulada (FM) do país.
1977: Inauguração da Rádio Cidade FM no Rio de Janeiro, líder de audiência na década de 1980.
1990: A Rádio Bandeirantes forma a primeira rede nacional de rádio via satélite.
1991: Com o *slogan* "A rádio que toca notícia", o Sistema Globo de Rádio inaugura a Central Brasileira de Notícias (CBN-AM), com 24 horas de informações. A idéia surgiu com as denúncias de corrupção no governo Fernando Collor, o chamado Caso PC Farias.
1995: Início da campanha pelo fim da obrigatoriedade de transmissão do programa oficial "Voz do Brasil". A Igreja Católica forma a Igreja-Sat, a maior rede de rádio do país.
1996: Lançamento da CBN-FM, primeira rádio só de notícias em freqüência modulada. O governo envia ao Congresso projeto de lei que prevê a regulamentação do funcionamento das rádios comunitárias.
1997: O percentual de domicílios brasileiros com aparelhos de rádio chega a 90,3%, contra 84,9% em 1992, segundo o IBGE. Na região Norte, o índice é de 95,86%; na Sul, de 94,8%; na Sudeste, de 94,3%; na Centro-Oeste, de 87,2%; e na Nordeste, de 83,3%.
2000: Começam a ter destaque as rádios *web*, as quais transmitem programação no formato radiofônico pela *internet*. Entra em atividade a Rádioficina OnLine, a primeira rádio *web* ao vivo brasileira. A rádio paulista é mantida pela Rádioficina, escola técnica de radialismo especializada na formação de profissionais para o rádio.

Capítulo 22

O que vejo quando ouço rádio

Reservei este espaço para inserir os pensamentos de algumas das mentes do nosso rádio que considero brilhantes. Pessoas que não só vivem do rádio, mas que também vivem para ele. Procuro trazer ao leitor, neste capítulo, um coquetel de idéias, pensamentos e críticas a favor desse veículo que resiste heroicamente ao tempo, à política, à economia e também a radiodifusores que o maltratam. Quero fazer saber ao leitor, no entanto, que não é só o rádio paulista que detém grandes emissoras e brilhantes profissionais. Externo meu grande respeito pelo profissionalismo do rádio da região Sul; minha admiração pelas pessoas e empresas que militam na comunicação das regiões Sudeste, Centro-Oeste, Norte e Nordeste do país. Reconheço nesses profissionais e empresas a grande importância que ocupam no cenário nacional da radiodifusão, e peço-lhes desculpas pela falta de menção. É preciso compreender que em extensões continentais, como é o caso do Brasil, muitos são os problemas estruturais, que variam de região para região. Mas é importante saber que o rádio brasileiro cresce, ocupando o segundo lugar no mundo em número de emissoras operantes, e o primeiro, ao lado dos Estados Unidos, em número de aparelhos receptores de rádio: cerca de três por habitante. A seguir, alguns dos mais destacados profissionais de emissoras de rádio de São Paulo darão sua colaboração, a fim de debater, opinar e colocar suas críticas em favor das melhorias na qualidade do rádio e na formação do radialista. Vamos saber um pouco do que pensam os donos das vozes que mais freqüentam o cotidiano da vida paulistana.

Heródoto Barbeiro

Vou dividir minhas visões sobre as programações que ouço no rádio e justificar as mais importantes: quando ouço rádio, vejo apresentadores éticos e comprometidos com o interesse público, comprometidos com a verdade e com o bem-estar da população. São homens e mulheres idealistas, que entendem a importância social do rádio, e que fazem dele um instrumento de aprimoramento da nossa sociedade, bem como de aperfeiçoamento da democracia brasileira. Radialistas alegrando as pessoas, apresentando quadros e músicas que ganham o coração de todos – são eles os verdadeiros difusores do otimismo necessário à luta cotidiana. Produtores preocupados em retratar a realidade do dia-a-dia dos ouvintes de forma ética, jamais invadindo sua privacidade ou utilizando métodos escusos para transformar fatos humanos em sensacionalismo barato. Repórteres empenhados na prestação de serviços, cobrando das autoridades ações sociais, denunciando a violação dos direitos dos cidadãos, contribuintes e consumidores. Produtores selecionando os assuntos mais relevantes para a comunidade e empenhando-se pelo respeito aos direitos humanos, pelo combate à violência e exercício da cidadania. Enfim, quando ouço rádio, vejo os radialistas que fazem desse veículo o mais popular do Brasil.

Salomão Ésper

O que vejo quando ouço rádio? Outro dia, recebi ao vivo, pelo telefone, um elogio inflado de um ouvinte que me intitulou, evidentemente com a melhor das intenções, de "monstro pré-histórico do rádio". Sua intenção era me comparar com um monstro sagrado do rádio. Senti-me lisonjeado, mas ao mesmo tempo tive a sensação de ser um sobrevivente de priscas eras, guarnecido do peso de uma rudimentar clava nas mãos e acalorado por estar vestindo uma pesada roupa de pele de animais. Um verdadeiro homem das cavernas. Sabe, naquele instante recebi o aviso de que talvez fosse a hora de parar.

Comecei a pensar há quanto tempo estou fazendo o que mais gosto na vida. Tenho muito orgulho de ter passado por diferentes fases do rádio, a começar por aquela época entusiasmante em que o rádio se antecipava ao sucesso da televisão e criava verdadeiros ídolos, de animadores de auditório a cantores. Quem viu Orlando Silva receber o título de cantor das multidões – quando se apresentava em praça pública ou na sacada da Rádio Cruzeiro do Sul, diante do Viaduto do Chá, para aquela gente toda – sabe a força galvanizadora que tinha o rádio naquela época. Nós temos histórias maravilhosas, legados como o do radialista Carlos Frias, que recebeu de Dona Wanda, uma senhora carioca sua fã, uma herança – e ela nem o conhecia pessoalmente. Aquilo me encheu de surpresa, fazendo-me refletir sobre até que ponto poderia chegar a admiração às pessoas do rádio. Nós tínhamos um veículo repleto de intelectuais, escritores e poetas.

Quando comecei a fazer rádio em São Paulo, tive minha primeira oportunidade na Rádio Cruzeiro do Sul, que era considerada pequena para os padrões da época, mas tínhamos como redatores três escritores renomados, com livros já publicados. Eram eles: Raimundo de Menezes, Odilon Negrão e Jerônimo Monteiro, cujos textos eram disputados pelos locutores. Não eram todos os que tinham a primazia de ler um editorial da rádio, era um privilégio dado somente aos locutores com vozes já conhecidas e a consagrados profissionais da emissora. Os radialistas que estavam iniciando tinham de se contentar com a leitura de pequenas notas redigidas por articulistas que também eram iniciantes na redação. Ora, se uma rádio como aquela, que tinha orquestra regional, maestros, arranjadores, instrumentistas consagrados, exercia um fascínio em todos nós que trabalhávamos nela, imagine então quem ouvia tudo aquilo pelo rádio. Era uma coisa extraordinária, para a época. Nos dias de hoje, quando ouço rádio, vejo um veículo esvaziado de conteúdo, com a meritória exceção que a boa programação jornalística ainda nos oferece em diferentes prefixos.

Milton Jung

Ao ouvir rádio me esforço para enxergar a notícia. E tenho a sensação de que nossa falta de respeito às características do veículo torna esse esforço cada vez mais necessário, quando o correto seria não fazê-lo. Ao ouvinte caberia simplesmente o papel de ligar o rádio e ouvir, e a imagem se construiria na imaginação dele. Não lhe damos esse direito quando escrevemos de maneira subjetiva, sem clareza, com textos muitas vezes copiados de jornais ou da *internet*. Textos escritos para quem lê, não para quem ouve.

Não posso, contudo, deixar de observar que o rádio é "o veículo do futuro". Aspas que surgem porque a frase foi citada pelo jornalista Alberto Dines em uma redação de *internet*. O mesmo rádio que surgiu tímido na década de 1920 tornou-se porta-voz da nação dos anos de 1930, 1940 e 1950, assustou-se com a televisão e ganhou agilidade com a substituição das antigas válvulas pelos modernos circuitos de transistores na década de 1960. Uma mudança que o fez desprender-se das tomadas, zanzar pelos carros, pelos estádios, e o inseriu definitivamente na vida das pessoas. Instantâneo, transmitiu copas, incêndios, calamidades inesperadas, notícias boas e ruins. Vieram a freqüência modulada, a fase do satélite, o nascimento das grandes redes e a era do rádio digital.

Globalizado, o homem perdeu tempo para a mídia, mesmo precisando cada vez mais da informação. Reencontrou o rádio que não lhe toma o tempo. Não compete com atividade alguma. Você pesquisa no computador e a rádio toca a notícia. Você corre na esteira da academia e o rádio está ligado. Você preso no trânsito e ele sintonizado. Não por acaso, nos Estados Unidos a audiência nos automóveis cresceu nos últimos cinco anos: 34% dos ouvintes estão nos carros. Gente que, logo, nos encontrará na *internet* porque é lá que está o futuro. Vai nos ouvir no computador de mesa, no *laptop*, no celular ou em qualquer outro equipamento com acesso à rede. Uma mudança de hábito que impõe desafios aos profissionais.

Neste novo rádio não bastará o talento do comunicador de nos fazer enxergar a notícia, tão limitado nos últimos tempos. O profissional terá de analisar, interpretar e formar mais do que informar. Com a tecnologia disponível teremos de oferecer imagem na página acessada e texto, também, entre outras tantas necessidades que aparecerão. O rádio, definitivamente, não será apenas som – uma perversão da ordem natural das coisas. Pervertidos, estejamos prontos para este momento!

José Paulo de Andrade

Quando ouço rádio, um filme passa pela retina da memória e vou buscar minha primeira inspiração pelo veículo, que foram as transmissões esportivas e os programas da década de 1950, época em que comecei a tomar consciência de estar ocupando um espaço, ainda que minúsculo, no universo. A magia do futebol e dos programas de *broadcasting*, pois era assim que se chamavam, me seduziu para sempre. Em cinco décadas, muita coisa mudou. O advento da televisão acabou com o que o rádio tinha de mais sedutor, e não foram poucos os que, tentados pela novidade, previram o seu fim. Esqueceram-se de que a maneira elementar de o ser humano se comunicar é a oralidade. A voz, em seu estado puro, ainda é a mais expressiva forma de comunicação, e o rádio, o seu palco mais adequado. É pelo microfone que se filtra, com mais clareza, o estado de espírito de quem emite o som, dom que Deus concedeu apenas à espécie humana. A TV dispersa, o rádio concentra a atenção, e a imaginação do ouvinte completa o grandioso e econômico cenário. E o rádio emergiu do pessimismo, encontrando novas fórmulas para encantar sua audiência cativa: ainda nos anos de 1960, os programas musicais e de concursos, as transmissões esportivas mais sofisticadas, com a ajuda do microfone sem fio, trambolho que permitia a transmissão de um jogo a partir do campo. E onde quer que o ouvinte estivesse, o radinho de pilha, o transistor redentor. Nos anos de 1960, o radiojornalismo, que até então, embora de qualidade, era uma parte da programação artística, passou a ser a "locomotiva", coincidindo com um período em que, já cansada dos anos de arbítrio, a sociedade passou a exigir a volta aos padrões democráticos da civilização ocidental. O ouvinte também mudava. Começa, então, uma nova era das comunicações, que se busca aprimorar cada vez mais no terceiro milênio. O rádio não é mais o oráculo de seus primórdios, mas caixa de ressonância dos anseios da sociedade, e só assim se justifica sua existência: como fator de elevação do ser humano. A responsabilidade social é prioridade num Brasil tão carente de educação e campeão de desigualdades. É nesse perfil que se encaixa o novo profissional, que deve saber transmitir, com objetividade e clareza, um pouco de tudo, para um público que, na maioria, tem de tudo só um pouco. Foi isso que o pioneiro Roquette Pinto idealizou ao fundar a primeira emissora brasileira, no Rio de Janeiro, ao se referir ao rádio, entre outros atributos, como "o jornal dos que não sabem ler". E sem perder sua magia... Como definiu José Bonifácio de Oliveira Sobrinho, o consagrado Boni, mestre da comunicação: "O rádio é a TV com imaginação". Precisa acrescentar mais alguma coisa?

Murilo Antunes Alves

Quando ouço rádio nos dias atuais só posso constatar que houve enormes mudanças no jeito de fazer e ouvir rádio. A primeira grande mudança que acompanhei foi a chegada da televisão em 1950, fato que mudou radicalmente a postura do veículo. De um instante para outro, tudo que tinha de melhor no rádio foi para a televisão, afinal, podia-se enxergar tudo aquilo que até então só se imaginava. Mas o que esse período não conseguiu tirar do rádio foi seu jeito companheiro de ser. Fosse na estrada, na cidade, no interior das casas ou no campo, lá estávamos nós com as pessoas. Agora longe das válvulas, alimentados por uma "bateriazinha", pelos rádios ecoavam vozes indistintas sob os ventos da tecnologia do transistor. O tempo passou e o que se vê hoje é um coquetel de sensacionalismo sobre determinados programas de notícias. Gostaria de influenciar os mais jovens, dizendo-lhes que, antes de conquistarem seu espaço na mídia eletrônica, voltassem suas preocupações no sentido de buscarem primeiramente enriquecer suas mentes com cultura, conhecimento e boas experiências. É fundamental ter uma opinião formada a respeito das coisas, pois os ouvintes esperam isso de você. Tendo o devido cuidado de não generalizar, observo atualmente uma cultura presente na formação dos novos radialistas: a setorização dos trabalhos. Uns se especializam em esporte, outros em política, outros em economia. Tornam-se brilhantes no que fazem, mas somente no que fazem. Desconhecem outras pautas, outras realidades e outras tendências. No rádio do nosso tempo, tínhamos de opinar sobre tudo, conhecer um pouco de cada assunto. Éramos forçados pelas circunstâncias a buscar explicações e respostas para tudo. Longe de querer ser um saudosista dos bons tempos do rádio, sei que hoje a realidade é outra, mas em muitas reportagens que fiz empunhei o microfone e o gravador vestindo camisa de colarinho e gravata. Era dessa forma que os profissionais eram vistos. A vida no rádio me trouxe enormes recompensas, tive a oportunidade de entrevistar presidentes, reis e rainhas de terras distantes, atletas maravilhosos, poetas, escritores, músicos e pessoas do povo. Uma coisa pude aprender com tudo isso: quanto maior a importância da pessoa, mais bem preparado você tem de se apresentar a ela, seja externamente, seja internamente. Aprendi também que a maquiagem externa se desfaz com um pouco de água numa toalha de rosto, e que a maquiagem interna, que traduz o seu preparo e a sua maneira de ser, permanece durante todos os seus dias de trabalho. É isso que eu sinceramente gostaria de ver quando ligasse meu rádio.

José Nello Marques

A principal característica do rádio continua sendo a rapidez na informação – pode ser uma estrada congestionada, um buraco no caminho ou uma música nova. É na hora, não precisa de *link*, texto ou foto. Essas condições ficam para a TV ou para o jornal. A foto do rádio quem bate é o ouvinte, estabelecendo na sua retina se tem caminho alternativo, se quem caiu no buraco é homem ou mulher, se a música é bonita ou feia, se o repórter é gordo ou magro. O poder de informar sem formar, esse é insubstituível no rádio. Permite ao cidadão tomar suas próprias decisões sem depender de outras opiniões. Vou para a esquerda, vou para a direita, não vou. No mundo globalizado, onde impera a nanotecnologia e os sábios falam em reengenharia, lá está ele, firme e forte, no painel do carro, no escritório, na cozinha, na cama, no banho. Infelizmente, os gênios da publicidade preferem a imagem pronta, de deusas esculturais bebendo cerveja ao lado do carrão, colocando e tirando cartões magnéticos dos bancos, vendendo e comprando móveis perfeitos. Pensar numa sociedade que não tem cultura, nem pensar!!! Por isso, as novas gerações têm responsabilidade com o rádio – muito mais que os pioneiros. É de não deixar morrer o momento mágico de fazer o cidadão pensar, imaginar, criar, voar, berrar, e, sobretudo, decidir o que vai comer, sem prato feito.

Toninho Rosa

A coisa que eu mais vejo quando ouço rádio é o poder da imaginação despertado pelo veículo.

O que eu vejo quando leio um livro, por exemplo, é curiosamente a mesma coisa. Portanto, o rádio suscita em você as coisas mais peculiares e pessoais, os frutos do seu imaginário. Quando duas pessoas lêem um livro, interpretam a história de forma diferente uma da outra. Mudam-se os cenários, alteram-se as paisagens e os personagens. Para mim, a magia de um livro é mais criativa e empolgante que a magia de um filme. É por isso que as pessoas dificilmente se esquecem de uma história que leram em comparação a um filme a que assistiram. Isso porque elas montam o cenário da história na mente, na qual o cérebro participa ativamente do processo lúdico do enredo. O que mais me chama a atenção no rádio, no entanto, é que ele se assemelha muito ao princípio da leitura. As imagens são construídas a partir da evidência e da complementação da nossa própria mente. Sabe-se que o cérebro humano tem dois lados: o direito, que é o lado da emoção, e o esquerdo, que é o lado da razão. Curiosamente, o lado direito ouve rádio e o esquerdo lê os textos, isso porque ele é o racional. É o ideograma, uma espécie de simbologia que enxerga tudo aquilo que ouve na hora em que interpreta a informação. Quando conseguimos fundir uma coisa na outra, o sucesso é enorme. Ouvimos uma notícia ou informe sobre determinado fato e conseguimos visualizar, através dos sons, a cena no interior da nossa mente. Particularmente, percebo quando essa química acontece: quando ouço rádio, me sinto integrado ao fato, como se fosse projetado para dentro do texto. Por exemplo, pela manhã, o rádio me faz enxergar como será o dia pela frente, ao falar-me sobre a previsão do tempo e da temperatura. Ao entrar no carro, ele fala sobre o trânsito, me orientando quanto à rota que devo seguir e ao caminho que devo evitar. Quando o assunto é dinheiro, me orienta onde devo aplicar e me sinaliza de onde devo tirar. Fala de utilidade pública, cidadania, de qualidade de vida, abordando assuntos de entretenimento e de coisas que podem me trazer diversão. Toca músicas que levantam meu astral. Faz-me companhia, me faz ver a vida que existe à minha volta, e me leva para dentro dos fatos do mundo. Tudo isso eu vejo quando ouço rádio.

Luiz Fernando Magliocca

O que eu vejo quando ouço rádio, atualmente no século XXI, é um túnel escuro e sem luz, do começo ao fim. E sinto que cabe aos que estão chegando ao mercado, que amam rádio e pretendem seguir uma carreira ligada ao veículo, procurar fazer algo que mude o atual cenário das coisas.

Não quero ser amargo com o rádio de hoje, mas não posso me furtar às críticas construtivas, para que se possa reverter esse atual estado de coisas. Não gosto de viver de saudosismo, mas, após 35 anos de profissão, não posso deixar de estranhar o que está indo para o ar ultimamente. Não posso generalizar, mas muitos não seguem os princípios básicos do rádio, que são a prestação de serviços, a informação com qualidade e credibilidade. Coisas tendenciosas enchem nossos ouvidos, artistas esteticamente sofríveis freqüentam as paradas de sucesso, e tudo em troca de recursos financeiros. E o que mais me incomoda é observar grandes empresas de comunicação entrando em concorrências públicas para a disputa de um canal, para depois arrendá-lo para uma igreja. Não que eu seja contra as igrejas, mas sou contra o padrão que se estabeleceu por aí. Na minha maneira de ver, rádio é um negócio, mas antes de tudo existe um compromisso com a cidadania e com os valores da sociedade. O rádio não é uma "lojinha" que você abre e começa a colocar um monte de objetos lá dentro para vender. Há a necessidade de se preocupar com o porquê. Por que e para quem eu faço rádio. Deve existir a preocupação de saber qual o conteúdo a ser veiculado, que, na minha visão, é o mais importante. Acredito que a prestação de serviços, a interatividade e a mobilidade do rádio ainda vão segurá-lo por muito tempo, se é que podemos esperar que algo mude esse estado de coisas... Primeiro é a própria postura dos novos profissionais, e segundo é a chegada do rádio digital. Esse momento ainda está muito rodeado de reuniões técnicas de implantação, mas, quando for a hora de ir para o ar, possibilitará ao ouvinte uma outra série de recursos. Além da informação que chega pelas ondas do rádio, o novo sistema terá informações agregadas ao som e recebidas através de elementos alfanuméricos no visor do aparelho. Uma espécie de "telinha" que recebe utilidade pública, informações e prestação de serviços. Durante toda a minha vida aprendi a admirar o rádio pelo que ele pode fazer, e não pelo que ele está fazendo. Aprendi a amar o rádio pelo que ele pode vir a ser, e não pelo que é. Como sou portador de uma visão futurista sobre o assunto, tento projetar o que eu gostaria de ver no rádio nos próximos anos. Um veículo moderno, esteticamente equilibrado e, acima de tudo, o velho companheiro das pessoas. Gostaria de ver também profissionais preparados, capacitados e responsáveis por fazer um veículo que se dispõe a ser a mídia da emoção, como coloca o autor no título desta obra.

Referências bibliográficas

BELHAU, Mara. *Fonoaudióloga: orientações sobre voz.* Informações compiladas de palestras, seminários sobre voz e artigos publicados entre 2001 e 2005.

BRAUN, Gabrielle & BROCKERT, Siegfried. *Teste o seu QE: inteligência emocional.* Rio de Janeiro: Record, 2000.

DECRETO-lei nº 84.134, de 30 de outubro de 1979. Lei dos radialistas.

FERRARETO, Luiz Artur. *Rádio: o veículo, a história e a técnica.* Porto Alegre: Sagra Luzzato, 2000.

GOLEMAN, Daniel. *Inteligência emocional.* Rio de Janeiro: Objetiva, 1998.

GPRÁDIO. *A publicidade no rádio.* Compilação de artigos publicada no *site* http://www.gpradio.com.br, 2004.

GRIMSHAW, Caroline. *Jornadas invisíveis.* São Paulo: Callis, 2003.

HUXLEY, Aldous. *A arte de ver.* São Paulo: Mercuryo, 2000.

JOHNSON, Robert A. *O homem.* São Paulo: Mercuryo, 1993.

_____. *Imaginação ativa: inner work.* São Paulo: Mercuryo, 1986.

LENHARO, Alcir. Artigo compilado do livro *Estratégia radialista no Estado Novo.* São Paulo: Mercuryo, 2004.

LESLIE, Picolloto. *Trabalhando a voz.* São Paulo: Summus, 1988.

MCLEISH, Robert. *Produção de rádio.* São Paulo: Summus, 2001.

MEDITSCH, Eduardo. Compilação de artigos publicados no *site* da UFSC, 2004.

MOLES, Abraham. *Mensagens radiofônicas.* Compilação de artigos publicados no *site* da UFSC, 2004.

NETTO, Luiz. *Landell de Moura, notável homem da ciência.* Artigo compilado do *site* da UFRJ, 2004.

OLIVEIRA, Maria Amélia Vallim de. *Pilotando bem sua vida com competência emocional.* São Paulo: O Nome da Rosa, 1998.

ORTIZ, Renato. *Radionovelas brasileiras.* Artigo compilado do *site* da USP, 2004.

ORTRIWANO, Gisela. *A informação no rádio.* São Paulo: Summus, 1985.

PAIVA, Rosane. *Fonoaudióloga: orientações técnicas sobre saúde da voz.* Artigos compilados, resumos de palestras e seminários, *site* da USP, 2004.

PARADA, Marcelo. *Rádio: 24h de jornalismo.* São Paulo: Panda Books, 2000.

PONTES, Paulo. *Médico: orientações sobre voz.* Artigos compilados de palestras e seminários, 2003.

ROBINS, Anthony. *Poder sem limites.* São Paulo: Best-Seller, 1987.

SCHAEFFER, Kurt. *Recepção do ouvinte.* Compilação de artigos publicados no *site* da UFSC, 2003.

SEVCENKO, Nicolau. *Rituais básicos de Getúlio Vargas.* Artigo compilado do *site* da USP, 2000.

VISCOTT, David Steven. *A linguagem dos sentimentos.* São Paulo: Summus, 1982.

CRÉDITOS DAS IMAGENS*

Fotos 01, 09, 13, 15, 16, 18, 20, 22 e 66: José Ismar
Fotos 02, 05, 06, 08, 14, 17, 23, 24, 27, 31, 32: Carla Castilho
Fotos 03, 21, 30: Vitor Baruk
Fotos 04, 07, 10, 11, 12, 19, 28: Roberto Esteves
Foto 29: Samira Youssef
Fotos 36, 37, 43, 44, 45, 56: Arquivo Radiobrás
Foto 49: Arquivo da UFRGS
Foto 50: Arquivo da BBC de Londres
Foto 51: Arquivo da Fundação Roquete Pinto
Foto 63: Divulgação
Fotos 70 e 71: Dulcinéa de Abreu
Fotos dos exercícios de relaxamento (páginas 99-101): radialista Carolina Romão, fotografada por Otávio Simões

---

* Infelizmente não foi possível descobrir a autoria de todas as fotografias presentes nesta obra. Caso você reconheça alguma imagem sua (ou de outro fotógrafo) nestas páginas, pedimos que entre em contato com a editora para que seu trabalho seja devidamente creditado. Se necessárias, correções serão feitas nas próximas edições.

------- dobre aqui -------

CARTA-RESPOSTA
NÃO É NECESSÁRIO SELAR

O SELO SERÁ PAGO POR

AC AVENIDA DUQUE DE CAXIAS
01214-999 São Paulo/SP

------- dobre aqui -------

RÁDIO – A MÍDIA DA EMOÇÃO

summus editorial
CADASTRO PARA MALA DIRETA

Recorte ou reproduza esta ficha de cadastro, envie completamente preenchida por correio ou fax, e receba informações atualizadas sobre nossos livros.

Nome: _____ Empresa: _____
Endereço: ☐ Res. ☐ Coml. _____ Bairro: _____
CEP: _____ - _____ Cidade: _____ Estado: _____ Tel.: ( ) _____
Fax: ( ) _____ E-mail: _____ Data de nascimento: _____
Profissão: _____ Professor? ☐ Sim ☐ Não Disciplina: _____

1. Você compra livros:
☐ Livrarias ☐ Feiras
☐ Telefone ☐ Correios
☐ Internet ☐ Outros. Especificar: _____

2. Onde você comprou este livro? _____

3. Você busca informações para adquirir livros:
☐ Jornais ☐ Amigos
☐ Revistas ☐ Internet
☐ Professores ☐ Outros. Especificar: _____

4. Áreas de interesse:
☐ Educação ☐ Administração, RH
☐ Psicologia ☐ Comunicação
☐ Corpo, Movimento, Saúde ☐ Literatura, Poesia, Ensaios
☐ Comportamento ☐ Viagens, *Hobby*, Lazer
☐ PNL

5. Nestas áreas, alguma sugestão para novos títulos?
_____

6. Gostaria de receber o catálogo da editora? ☐ Sim ☐ Não
7. Gostaria de receber o Informativo Summus? ☐ Sim ☐ Não

Indique um amigo que gostaria de receber a nossa mala direta

Nome: _____ Empresa: _____
Endereço: ☐ Res. ☐ Coml. _____ Bairro: _____
CEP: _____ - _____ Cidade: _____ Estado: _____ Tel.: ( ) _____
Fax: ( ) _____ E-mail: _____ Data de nascimento: _____
Profissão: _____ Professor? ☐ Sim ☐ Não Disciplina: _____

summus editorial
Rua Itapicuru, 613 – 7º andar 05006-000 São Paulo - SP Brasil Tel.: (11) 3872 3322 Fax: (11) 3872 7476
Internet: http://www.summus.com.br e-mail: summus@summus.com.br

cole aqui